Friedrich-Karl Föhrig
Kleines Strafrichter-Brevier

Kleines Strafrichter-Brevier

oder: Der überlastete Strafrichter?
Wegweiser zur zügigen Urteilsfindung

von
Friedrich-Karl Föhrig †
Vorsitzender Richter am Landgericht

Mit einem Vorwort von
Monika Harms
Generalbundesanwältin

und einer biografischen Notiz von
Clemens Basdorf
Vorsitzender Richter am Bundesgerichtshof

Aus dem Nachlass herausgegeben von
Clemens Basdorf, Vorsitzender Richter am Bundesgerichtshof, Prof. Monika Harms, Generalbundesanwältin und Dr. Andreas Mosbacher, Vorsitzender Richter am Landgericht

Verlag C.H. Beck München

Verlag C. H. Beck im Internet:
beck.de

ISBN 978 3 406 58203 5

Wilhelmstraße 9, 80801 München
Druck und Bindung: fgb – Freiburger Graphische Betriebe
Bebelstraße 11, 79108 Freiburg i.Br.

Satz: Fotosatz Buck
Zweikirchener Straße 7, 84036 Kumhausen

Gedruckt auf säurefreiem, alterungsbeständigem Papier
(hergestellt aus chlorfrei gebleichtem Zellstoff)

Vorwort

Als irgendwann in den Neunziger-Jahren des vorigen Jahrhunderts die Gilde der Unternehmensberater sich der Justiz bemächtigten, um sie zu „modernisieren“ und „fit“ zu machen für die Herausforderungen der Zukunft, entstanden allerorten „Qualitätszirkel“ oder ähnlich anspruchsvolle Gruppierungen, die sich dieser Aufgabe im alltäglichen justitiellen Betrieb annahmen. Der unbefangene Justizjurist fragte sich allerdings schon damals, wie denn im richterlichen Geschäft qualitätsvolles „Justizmanagement“ aussehen sollte. Und so zeigte sich beim „Durchleuchten“ der Arbeitsabläufe, dass zwar im Bereich der Geschäftsstellen insbesondere im „Kundenmanagement“ das eine oder andere zu verbessern war etwa mit der Folge, dass der allgemeine Umgangston bisweilen freundlicher wurde und die Register nicht mehr manuell langsam, sondern elektronisch schnell in derselben Zeit geführt wurden; bei der eigentlichen richterlichen Kerntätigkeit, die mit Rechtsanwendung und Rechtsprechung zu tun hat, stellte sich indes alsbald heraus, dass diejenigen Kollegen, die schon vorher ihre Arbeit sachgerecht und zügig erledigt hatten, dies auch nach Durchführung der „Qualitätsschulung“ beherrschten, während die anderen, die schon vorher nicht in angemessener Zeit fertig wurden, dies auch danach nicht besser schafften, dieses Ergebnis aber überzeugender erklären konnten.

Damit stellt sich die Schicksalsfrage, was einen – von allen gewünschten – „guten“ Richter ausmacht? Ist gar der persönlich und sachlich unabhängige Richter, dessen Tätigkeit und dessen Leistung im Rahmen der gesetzlich geregelten Prozessordnungen zu erbringen sind, mit einem betriebswirtschaftlich arbeitenden „Manager“ nicht zu vergleichen?

Verpflichtet nicht schon die ausschließlich dem Richterberuf zustehende Unabhängigkeit und die daraus erwachsende Verantwortung dazu, auf der Grundlage stets aktualisierter profunder Rechtskenntnisse die Arbeit so effektiv und sachbezogen zu erledigen, dass der Richter mit seinen Entscheidungen den allgemein anerkannten rechtsstaatlichen Anforderungen genügt, dem Rechtsfrieden dient und damit qualitätsgerecht arbeitet? Ist etwa die Frage der Qualität richterlicher Arbeit zugleich die Frage nach der Berufsauffassung des Richters, nach seiner richterlichen Ethik?

Die Antworten finden sich im vorliegenden Erfahrungsbericht des Vorsitzenden Richters a.D. *Friedrich-Karl Föhrig*. Aus der Fülle seiner strafrichterlichen Erfahrungen, die er in 36 Jahren als Amtsrichter und Vorsitzender Richter am Landgericht sammeln konnte, gibt der Autor mehr als nur nützliche Tipps und Hinweise zum „Verfahrensmanagement" – er belegt vielmehr eindrucksvoll wie man kraft richterlicher Persönlichkeit und zielführendem Einsatz der strafprozessualen Mittel den Verfahrensbeteiligten im Strafprozess gerecht werden kann, ohne die revisionsrechtliche Kontrolle fürchten und in den „deal" flüchten zu müssen. Das vorgelegte „Alterswerk" bestätigt nachträglich, warum bis zu seiner Pensionierung in der Zeit, in der ich die Rechtsprechung des 5. Strafsenats des Bundesgerichtshofs begleiten durfte, das geflügelte Wort galt: „*Föhrig* wird nicht aufgehoben!" – und zwar nicht nur, weil wir ihn hoch schätzten, sondern weil die unter seinem Vorsitz ergangenen Urteile seiner Strafkammer ausnahmslos der revisionsgerichtlichen Nachprüfung standhielten.

Es wäre schön, wenn möglichst viele Richterinnen und Richter auf diesen großen strafprozessualen Erfahrungsschatz zurückgreifen würden.

Karlsruhe, im Juli 2008

Prof. Monika Harms
Generalbundesanwältin

Inhaltsverzeichnis

A. Lob der Langsamkeit: „Qualitätsmanagement"

„Wer eigentlich lehrt Sie das Management?"

Vor etlichen Jahren hatten mein Vertreter und ich, seinerzeit Vorsitzender einer großen Strafkammer, eine australische Kollegin durch das Kriminalgericht Moabit geführt, ihr die pompös-schönen alten Sitzungssäle wie – unter standardisiert-apologetischem Hinweis auf deutsch-richterliche Freiheit zu häuslicher Tätigkeit – die dienstlichen Arbeitszellen präsentiert, hatten sie im Schnelldurchgang mit den Grundsätzen des deutschen Strafprozesses, den Kompetenzen der Beteiligten vertraut zu machen versucht, sie gar dem Abenteuer eines Mittagsmahls in der Gerichtskantine ausgesetzt.

Nun diese Frage. Leicht zu beantworten zwar, hallte sie aus anderem Grunde erstaunlich nach: Nie hatten wir bedacht, richterliche Arbeit könne etwas mit „Management" zu tun haben, hätten entsprechende Fähigkeiten allenfalls unseren präsidialen Verwaltern gewünscht, soweit diese dergleichen Talente unter Supervision der zweiten Gewalt überhaupt würden zur Geltung bringen können. Aber wir? Aktenstudium, Verhandlungsführung, Urteilsfindung und -abfassung schienen uns eine andere Welt zu umschreiben als diejenige optimaler Verkaufszahlen. Um nicht in aller richterlichen Bescheidenheit zu sagen: eine intellektuellere.

Allein die Frage bohrte und führte zu der weiteren, ob nicht vielleicht das WIE des Aktenstudiums, der Verhandlungsführung, der Urteilsfindung die Bezeichnung als „Management" verdienen möge. Hilfreich zur Beantwortung erwies sich – für mich freilich ein wenig spät – der Aufsatz eines Landgerichtsvorsitzenden und eines OLG-Richters[1], der sich nicht nur mit justiziellem Management, sondern gleich mit „Qualitätsmanagement“ befasste, damit wohl vornehmlich – und höchst kritisch – ein justizverwaltendes Management meinte, das auf die Qualität der Rechtsprechung Einfluss zu nehmen suche. Notwendig galt es, eingangs einen Qualitätsbegriff zu definieren. Ausgangsanforderungen, denen sich jeder Richter stellen müsse, formulierten die Verfasser recht nachvollziehbar: Materiell habe die Entscheidung „dem Recht und der Gerechtigkeit“ zu entsprechen, die Verfahrensgestaltung den „verbindlichen Prozessvorschriften“. In schlichter Prägnanz überzeugend. Denn wer an materiellem und prozessualem Gesetz vorbei judiziert, wird nicht allzu lange Freude an seinen Produkten haben und nach erwartbaren Unmutsäußerungen seiner Oberinstanz wie seiner Präsidialverwaltung vorsichtige Zweifel an der Qualität seiner Arbeit nicht dauerhaft unterdrücken können. Danach aber wird's subtiler. Nach Aufzählung mancherlei Qualitätskriterien richterlicher Tätigkeit gelangen die Verfasser wegen unleugbarer Ambivalenz etlicher dieser Maßstäbe zu dem Zwischenergebnis, „...ein Konsens darüber, welches Gericht... aus welchen Gründen qualitativ besser... arbeitet als ein anderes Gericht...“ sei „...letztlich nicht erzielbar.“ Was die zu selten gestellte Frage auslöse, wer denn berechtigt sei, die Qualität richterlicher Arbeit überhaupt zu entscheiden. Die Verfasser finden die „elementar“ genannte Antwort wie Kolumbus das gekochte Ei: „Niemand“ sei hierzu befugt – außer „dem jeweils entscheidendem Richter“ selbst...

Immerhin wäre hiermit, möchte man schließen, das Thema erschöpft. 21.000 Antworten wären einzuholen, die freilich niemand läse, würden sie doch nichts als ebenso viele positive Selbstbespiegelungen enthalten. Doch weit gefehlt: Im zweiten Aufsatzteil mutieren die anfangs so vorsichtigen

[1] DRiZ 2003, 413 ff.

Fragesteller zu entschlossenen Entscheidern, dekretieren, „Verfahren“ seien „nicht in erster Linie zu erledigen, sondern zu führen“ – der Weg also ist das Ziel –, und deshalb sollten als „naheliegendes Indiz für eine größere Qualität der Arbeit bei gleicher Arbeitszeit zunächst einmal weniger (!) Erledigungen“ gesehen werden. Dies gelte gleichermaßen für Amts- wie für Bundesrichter, und „elementar und selbstverständlich“ sei, dass „...nur ein Richter, der sich subjektiv nicht verantwortlich fühlt für das, was er in seinem Dezent nicht erledigen kann...“, die schwierige Aufgabe des Qualitätsmanagements „verantwortungsbewusst und rational erfüllen“ könne.

Der Aufsatz provozierte ernst gemeinte Gegenerklärungen, so dass auch ich mich nach mehrfachem Studium entschloss, ihn als ernst gemeint zu betrachten und kritisch in mich zu gehen. Warum hat mir das niemand früher gesagt? Warum hat mich nicht einmal die Frage der australischen Kollegin aus der Lethargie erweckt? Warum habe ich stets gemeint, verzögerlich gewährtes Recht sei eine Form der Rechtsverweigerung? Warum habe ich mich auch für „Erledigungen“ verantwortlich gefühlt? Warum war mein „Management“ – jetzt als solches erkannt – derart kritikwürdig? Oder war's gar keines?

Natürlich gab es die Fülle von Gelegenheiten, Arbeitsabläufe im Amtsgericht, im Landgericht, am Oberlandesgericht kritisch zu beobachten – fremde wie eigene. Schauen wir um erster Beispiele willen auf's Landgericht:

Etliche Strafkammern bedurften gelegentlich der Entlastung, entlasteten indes ihrerseits gleich häufig. Unvermeidlich. Bei maximal zweistelligen Eingangszahlen per Kammer erschüttern fünf inhaftierte Kriminelle mit dem Anfangsbuchstaben Z auch das sorgfältigst austarierte Verteilungsgefüge; manch einer mag das amtsgerichtliche Chaos erinnern, das vor Jahrzehnten durch mittlerweile zu Migranten mutierte Gastarbeiter namens Yilderim und Yilmaz ausgelöst wurde. Dass einige Kammern indes ungewöhnlich häufig

– polemisch: immer – zu entlasten waren, andere, wenige, dagegen nie, entzog sich so einfacher Erklärung.

In meinen Abschiedsworten anlässlich der Pensionierung gedachte ich dankbar etlicher einigermaßen stereotyp ablaufender Gespräche unter Kollegen: Klagen über unzumutbare Arbeitsbelastung konterte ich gelegentlich mit dem Hinweis, auf eben jenem Felde auch gearbeitet, Überlastung indes nicht festgestellt zu haben. „Ja, zu Ihrer Zeit...“ lautete die Standardantwort. Die Abschiedsrede aufzulockern, bot sich die Schlussfolgerung an, die Arbeitsbelastung müsse bei jedem meiner Zuständigkeitswechsel im jeweils alten Bereich mysteriös angeschwollen sein; mein Nachfolger verdiene schon jetzt ungeteiltes Mitleid. Also: schieres Glück.

Schieres Glück? Über 36 Jahre?

Eher wohl bietet sich ein anderer Erklärungsansatz an – Schlamperei. Wohlfeiler Vorwurf aus der Sicht arbeitsfrustrierter Kollegen, dem jedoch die Definition des Begriffs voraufgehen sollte. In rechtsverjährter Zeit gab es im Landgericht Berlin zwei Kammern mit identischem Fachgebiet, voneinander geschieden durch die zuständigkeitsbestimmenden Anfangsbuchstaben der Angeklagten – sagen wir, A-K neben L-Z. Von den wie avisiert pro Kammer eingehenden etwa 50 Verfahren nahm Kammer 2 ihrer Schwester alljährlich runde 25 wegen deren Dauerüberlastung ab und erledigte sie mit. Kritikwürdig allemal; denn drei bis fünf ihrer Urteile verfielen durchschnittlich der Aufhebung, während Kammer 1 ihr (Rest-)Programm beanstandungslos absolvierte. Wer fünfmal schlampt, ist schneller fertig, lebt womöglich noch mit dem subjektiven Eindruck, sich auch nach 70 von der Revisionsinstanz akzeptierten Urteilen nicht ungebührlich strapaziert zu haben. Doch dieses erhebende Gefühl hat er nicht verdient. Auch dann nicht, wenn die Aufhebungsquote noch deutlich unter dem Beispiel liegt, sich insbesondere mit zunehmender Erfahrung stets weiter verringert, um im letzten Berufsjahrzehnt gegen Null zu tendieren?

Ursachenforschung fortgesetzt: „Nun, der dealt alles aus!“ Wie macht man *das*? Was ist ein „Deal“? Gerade im Lichte neuerer Erkenntnisse des Großen Senats des *BGH* (in Strafsachen) ein Thema, das in wenigen Sätzen nicht abzuhandeln ist, das nach eingehenderer Erörterung verlangt (die ihm an anderer Stelle zuteil werden wird). Hier nur soviel: Findet ein „Deal“ allseitige Akzeptanz, fällt Kritik schwer, weil es am Kritiker fehlt. Findet sich jemand ausgeschlossen, möchte ihm die Erinnerung an Rechtsmittel helfen.

Ein wenig mag mir bei meinem Abschied bewusst gewesen sein, dass keine der möglichen Erklärungen weitestgehend beschwerdefreien Arbeitsalltags so recht tragen will, mag wohl unterschwellig auch die Erinnerung an einmal drei und einmal neun Monate genagt haben, die auch von mir als unangenehm belastend empfunden worden waren – proberichterweise in der Zivilkammer dienend, als Azubi-de-luxe im Erwachsenenalter unter dem Prüfungsstress des Oberlandesgerichts schwitzend. Was hatten diese wenig artverwandten Tätigkeiten gemeinsam? Ich beherrschte sie nicht; sie beherrschten – aus durchaus unterschiedlichen Gründen – mich. Und so drängte eine zweite Anekdote in die Abschiedsworte, auf die später – sehr viel später – zurück zu kommen sein wird. Denn auf wenigen Zeilen macht sie transparent, was „Qualitäts“-Management von bloßem Management abhebt.

Was könnte es gelten zu „managen“? Qualität? Qualität wessen? Wissenschaftlicher Akkuratesse? Zügiger Sacherledigung? Schutz der Allgemeinheit? Protektion des Angeklagten?

Wesentliche Daseinsberechtigung des Strafrichters ist, in Schuld- und Straffrage das treffende Urteil zu finden. Wer dies nicht nur als wesentliches, sondern einzig verlohnendes Ziel strafrichterlicher Arbeit erkennt und danach han-

> *delt, mag dann und wann sogar ein „gerechtes" zuwege bringen.*

Jedenfalls wird er sich zu beschränken vermögen, ist mithin auf dem Wege zu effizientem „Management". Und fürs „Qualitäts"-Management verloren.

Nichts anderes gilt im Einzelnen. Jeder strafrichterliche Schritt ist gesetzlich vorgegeben, und die Kenntnis dieser gesetzlichen Vorgaben ist sprichwörtlich unschädlich. Management aber ersetzt sie nicht. Insoweit steht nicht die (Anfänger-)Frage im Vordergrund, *was* jeweils zu tun sei. *Warum* etwas getan werden sollte, gilt es vielmehr – viel mehr! – zu beantworten.

B. Erste Liga des Strafprozesses: Die Spruchkammern des Landgerichts

I. Der kurze Weg: Die Vorbereitung der Hauptverhandlung

1. Das Kreuz an der richtigen Stelle: Die Anklagezustellung

Strafrichterliche Tätigkeit beginnt – lässt man marginale Aufgaben innerhalb des Ermittlungsverfahrens hier außer Betracht – mit dem Eingang der Anklageschrift, und gelegentlich ist zu vernehmen, drei fast gleichzeitige Neueingänge hätten einen harten Tag an Dezernatsarbeit verursacht. Wie mag sich das zeitlich bei „Pebb§y" oder in ähnlich putzigen Pensenschlüsselbefragungen niederschlagen?

Was zu tun ist, weiß schon der Referendar. *Warum* die Anklage zuzustellen (zu übersenden) und begleitende Verfügungen zu treffen sind, liegt auf der Hand: Der Angeschuldigte wüsste gern, was der Staatsanwalt ihm *vorwirft*. Das bloße, wenngleich regelmäßig beträchtlich umfänglichere Wissen um das, was er *getan* hat, genügt ihm begreiflicher Weise nicht. Und er wie sein – so vorhanden – Verteidiger bedürfen der Information, wann welche weiteren Schritte des Gerichts zu erwarten sind.

Diesen Erfordernissen genügt ein richterliches Kreuz an passenden Stellen des Formulare, ergänzt um Fristbestimmung zur Benörgelung der Anklage (Terminus technicus: „Erklärungsfrist") und das Einsetzen eines möglichen Datums für die Hauptverhandlung. Alles in allem: Fünf Minuten „Pebb§y".[2]

---

[2] "Pebb§y" – eine zu Beginn des 21. Jahrhunderts veranstaltete Befragung von richtern und Staatsanwälten, die aus Selbstauskünften der Befragten auf deren Belastung und Belastbarkeit schließt.

Ganz so wenig denn doch nicht. Ein Blick auf den Anklagesatz, ob er – in meiner Praxis nie vorgekommen – derart unverständlich, rechtlich fehlerhaft, tatsächlich unbestimmt o. ä. ist, dass der Angeschuldigte sich an wirksamer Verteidigung gehindert sehen muss (und der übersendende Richter sich blamieren könnte…), empfiehlt sich schon. Weniger freilich – wie alles, was den Angeschuldigten nicht berührt! – die Marotte eines Amtsrichters, Anklagen zur Korrektur von Rechtschreibungs- und Interpunktionsfehlern der Staatsanwaltschaft zurück zu schicken. Den dieser Sorgfalt geschuldeten Zeitverlust kompensierte er freilich in späterem Verfahrensstadium: Seine Urteile diktierte er ungegliedert und absatzlos und unterschrieb sie ungelesen.

Wenig aufwändig also bleibt die zu diesem Zeitpunkt maximal gebotene summarische Überprüfung der Anklage auf ihre Schlüssigkeit. Noch weniger Zeit beansprucht das durchaus empfehlenswerte Lesen staatsanwaltschaftlicher Begleitverfügungen, können diese doch verwertbare Hinweise auf Haftprüfungsanträge, Nebenklagezulassungs-Begehren oder ähnliche Marginalien enthalten, die zu vernachlässigen mannigfachen – und ungleich zeitraubenderen – Ärger verursachen kann.

Einige Minuten mehr kann die Haftfrage beanspruchen – auch schon zu diesem frühen Zeitpunkt. Der summarischen Prüfung dringenden Tatverdachts darf sich naturgemäß kein Richter und in keinem Verfahrensstadium entziehen. Freilich dürfte insoweit ein Blick in die Angaben der Hauptbelastungszeugen genügen – unabhängig von noch so lieb gemeinten Entlastungsbemühungen aus eigenem Umfeld des Angeschuldigten. Bezüglich des (gängigen) Haftgrundes der Fluchtgefahr trifft den Amtsrichter ein höheres Maß an Sorgfaltspflicht als die (große) Strafkammer, bedingt doch bereits die Anklage vor dem Landgericht beträchtliche Straferwartung, ist der Angeschuldigte anwaltlich geschützt oder wird dies wenige Tage nach Anklagezustellung sein, und haben, bestehen überhaupt Zweifel an Rechtmäßigkeit oder

Angemessenheit der Inhaftierung, in aller Regel schon im Ermittlungsverfahren einschlägige Überprüfungen, häufig durch die erkennende Kammer, gelegentlich gar durch das OLG, stattgefunden.

Bezweifelt der Angeschuldigte (eher wohl sein Verteidiger...) das Vorliegen eines Haftgrundes, wird er üblicherweise Haftprüfung beantragen. Dem durch Terminierung stattzugeben, belastet relativ wenig. Relativ. Denn ökonomischer ist ein Anruf beim Anwalt zwecks Zusage zeitnahen Hauptverhandlungstermins gegen Antragsrücknahme. Vorausgesetzt, man verfügt über freie Termine oder gar – Effizienzdokument straff geführter Kammern (oder Abteilungen) – generell kurzen Terminstand. Je zielbewusster gearbeitet wird, desto weniger gibt's zu arbeiten. Faule arbeiten zügig.

Angriffe der Verteidigung auf den Kern des Haftbefehls, es fehle am dringenden Tatverdacht, sind überwiegend substantiiert begründet. Zum einen, weil der Anwalt den Arbeitsnachweis gegenüber seinem Mandanten liebt, zum anderen, um gegenüber dem Gericht den Eindruck mangelnder Ernsthaftigkeit seines Begehrs zu vermeiden. Richterliche Überprüfung konzentriert sich mithin auf den Inhalt dieser Schutzschrift, auf seinen Abgleich mit den aus der Anklage ersichtlichen Belastungsmomenten – eine durchaus überschaubare Tätigkeit. Ist ein Aufhebungsantrag ausnahmsweise einmal kaum oder völlig rechtsfrei begründet – am dringenden Tatverdacht mangele es, weil sich der Angeschuldigte nunmehr der Vertretung durch den Unterzeichnenden anheim gegeben habe (!) –, bieten sich spontan mancherlei Kurzfassungen an.

Ein Blick verlohnt an dieser Stelle zudem in die Statistik (sofern man solche, was sich aus vielerlei Gründen empfiehlt, denn führt). Dreimal in 19 Jahren sah sich meine Kammer veranlasst, Haftbefehle im Vor- oder Zwischenverfahren außer Vollzug zu setzen oder gar aufzuheben:

Die einigermaßen überfallartige Inhaftierung eines prominenten Berliner Juristen über die Weihnachtsfeiertage hätte der Kammer höchst unerfreulich arbeitsintensive Stunden bereiten können, fehlte es im mehrbändigen Aktenkonvolut doch noch an bündelnder Anklage. Dies jedenfalls dann, wenn man hätte nach dem dringenden Tatverdacht forschen wollen. Indes: Die wirtschaftliche und soziale Einbindung des Mannes schloss auf den ersten Blick den einzig möglichen Haftgrund (Fluchtgefahr – was denn sonst?) zwingend aus. Die Entscheidung bedurfte weniger Minuten.

Ein alter Mann war vor mehr als zehn Jahren ermordet worden. Auf der Brust des Toten hatte man ein Haar gefunden, das einem von zwei Brüdern zugeordnet werden konnte, die ihm wochenlang als Stricher zu Diensten gewesen waren. Inhaftiert und angeklagt war freilich der andere Bruder. Dergleichen hätte unmittelbar nach der Tat und zu Beginn aller Ermittlungen den Haftbefehl gut und gern rechtfertigen mögen; als Endprodukt war es wertlos.

Einem braven kleinen Angestellten warfen Anklage und Haftbefehl vor, in der im 8. Stock eines Mietshauses gelegenen Wohnung ein Feuer gelegt zu haben, um den behinderten Sohn seiner Lebensgefährtin umzubringen. Tatsächlich war das Kind erstickt. Schon die im Anklagesatz umschriebenen Fakten führten jedoch zu dem zwingenden Schluss, dass, wäre der Angeschuldigte der Täter gewesen, ihm selbst nur die Alternative zwischen Feuertod und Sprung aus dem 8.Stock verblieben wäre. Er lebte aber noch.

Drei Fälle unter 560 allgemeinen und 168 Schwurgerichtsanklagen – 0,4 %; quantité negligeable selbst wenn sie intensiveres Nachdenken erfordert hätten.

Und alle anderen Inhaftierten verblieben – wenigstens bis zum Urteil – in Haft. Vom OLG in keinem Falle beanstandet.

Fazit: Vertieftes Aktenstudium unmittelbar nach Eingang der Anklage will mir ineffizient erscheinen, diente es doch den in diesem Stadium vorzunehmenden prozessualen Schritten nicht. *L'art pour l'art* – gut, dass wir's mal gelesen haben... Anderer Ansicht war ein hochgeschätzter Kollege, der sich stets als erstes vollen Überblick zu schaffen trachtete, sämtliche für später relevanten Aktenauszüge stichwortartig notierte und deshalb vor der Hauptverhandlung kaum noch irgendwelcher weiterer Vorbereitung bedurfte. Ein Arbeitsstil, der sich nur dem empfehlen lässt, der nach zwei bis drei (oder noch viel mehr?) Monaten seine eigenen Stichworte noch nachprüfungsfrei versteht. Wäre mir nie gelungen.

Sachverständige sind gefragt, demzufolge ausgelastet und des Öfteren nur mit größter Überredungskunst zur Übernahme eines weiteren Mandats zu bewegen. Je mehr Zeit man ihnen bietet, desto bereitwilliger werden sie reagieren; je kürzer der Terminstand ist, desto weniger Zeit kann ihnen bewilligt werden. Ein schwieriger Spagat, zu bewerkstelligen nur, indem man – erstens – den Tag nutzt, sich mit dem Sachverständigen mit Eingang der Anklage telefonisch zu verständigen und – zweitens – den Bestellungsbeschluss mit Anklagezustellung zu übersenden. Wer Sachverständige nach deren fachlicher Qualifikation auswählt, hat weder von der Staatsanwaltschaft noch vom Verteidiger fundierte Remonstrationen zu erwarten. Großzügiger Umgang mit dem „rechtlichen Gehör" wird regelmäßig toleriert, hat doch – bislang – nicht einmal das Bundesverfassungsgericht den „Sachverständigen des Vertrauens" kreiert. Wessen Vertrauen auch – des Angeklagten? der Staatsanwaltschaft? Das des Gerichts ist alles, was er braucht.

Und – drittens – merke: Der Sachverständige ist allzu wertvoll, seinen Terminsvorstellungen nicht zu entsprechen.

Wer aus alledem zu starke Servilität gegenüber Sachverständigen abliest, dient in einer Wirtschafts- oder Straßenverkehrskammer, wo – jedenfalls überlastete – Sachverständige eher ein Schattendasein fristen mögen, Haftsachen seltener bis unbekannt sind und demzufolge Termine flexibler bestimmt werden können. Stehen mehr als zwei Bewährungsjahre auf dem Spiel, muss stets damit gerechnet werden, dass dem Angeklagten am dritten Sitzungstag einfällt, mit 15 Jahren vom Motorrad gefallen zu sein, was § 21 StGB geradezu aufdrängt. „Warum“, so fragte ich als schwurgerichtlicher Anfänger den Staatsanwalt, „wurde hier ein Psychiater bemüht – der Angeschuldigte wirkt nach Aktenlage so gesund wie wir beide“ (ein mutiger Euphemismus!). „Das machen wir immer so“, wurde mir zur Antwort. Und Recht hatte er. Anders nur bei Angeklagten asiatischer Herkunft. Die sind – psychisch – immer gesund (sprich: die asiatische Seele ist dem europäischen Arzt verschlossen, und noch kein Anwalt hat auf den Psychiater aus Hanoi angetragen).

In Fällen, in denen ein Angeschuldigter höchst überzeugenden Beweisangeboten der Staatsanwaltschaft mit einigermaßen hilflos wirkendem Bestreiten, gar mit Schweigen begegnet, mag sich ein vorsichtiger Rat des Vorsitzenden an den Verteidiger empfehlen, „das weitere Prozedere gemeinsam zu besprechen“. Der dem Strafprozess nicht völlig entfremdete Anwalt wird bereitwillig darauf eingehen. Vorausgesetzt ihm liegt das Wohl des Mandanten am Herzen oder gar ein baldiger Verfahrensabschluss. Davon indes an anderem Orte mehr.

Der Vorsitzende hatte einst Pflicht und Recht, dem unverteidigten Angeschuldigten einen Verteidiger zu bestellen. Unter verfassungsgerichtlichen Vorgaben entstand § 142 StPO in geltender Fassung, die nahe legt, es sei nur mehr die Pflicht verblieben. Nicht ganz. Mit der gebotenen Anfrage schlägt der Vorsitzende einen Verteidiger namentlich vor, wobei er aus ethischen Gründen ja-sagende „Gerichtsnutten“ ebenso meiden wird wie aus prozessökonomischen

Erwägungen die üblichen professioneller Strafvereitlung Verdächtigen. Erhält er zur Antwort, der Angeschuldigte präferiere jemand anderen, so war's das. Sehr häufig indes antwortet der Angeschuldigte nicht oder nicht innerhalb der gesetzten Frist. Ein sachlich geprägtes Verfahren kann nunmehr erwartet werden. Vorausgesetzt freilich, dass die Verteidigeranfrage mit Anklagezustellung verknüpft und die Frist zur Beantwortung knapp genug bemessen war, dem Angeschuldigten noch keine volle „Knastberatung" zuteil werden zu lassen. (Meldet sich *nach* Verteidigerbestellung ein Wahlverteidiger, wird der Beschluss nach § 143 StPO mit der Maßgabe erlassen, die Bestellung lebe wieder auf, sobald das Wahlmandat erlösche. Was es – warum nur? – nicht selten tut.)

Vorstehend skizzierte Schritte mögen mehr Zeit beanspruchen, als diese Schilderung zu lesen. Gewiss jedoch nicht mehr, als sie niederzuschreiben.

Die Chance, in diesem Verfahrensstadium „qualitäts"-reicher zu managen, ist vergleichsweise gering. Gewiss zeigte der oben erwähnte Amtsrichter realistische Wege auf, das Ziel zugunsten des Weges einstweilen aus den Augen zu verlieren, entwertete diese positiven Ansätze dann freilich bei späteren Prozessschritten: So zeitsparend diktiert man keine Urteile, wenn man sich der Verantwortung für das Ergebnis entziehen will. – Einige Hinweise auf Punkte, die den Zustellungsadressaten (sprich: Angeschuldigten) zu diesem Zeitpunkt mit Sicherheit nicht interessieren, mögen indes hilfreich sein. Dass etwa auf Seite 14 des Wesentlichen Ermittlungsergebnisses ein Satz zum Lebenslauf des Angeschuldigten grammatikalisch sinnentstellend formuliert wurde, dass der Staatsanwalt verabsäumt hat, Bestellung eines Verteidigers zu beantragen, dass der Angeschuldigte – wie sich aus Blatt 57, Band IV ergibt – nicht am 31., sondern am 13. Mai geboren wurde, dass – äußerst „qualitäts"-ergiebig! – neben dem angeklagten Betrug in 54 Fällen auch in deren drei tateinheitliche Untreue nicht ganz ausgeschlossen ist: Aus alledem mag ein wenig verzögernder Honig zu saugen sein. Die wahren Möglichkeiten aber werden sich erst in späteren Stadien des Verfahrens bieten. Wer's ernst meint mit der „Qualität", braucht noch nicht zu verzweifeln, wird doch für den, der wahrhaft strebend sich bemüht, das Ziel – Verfahrensabschluss genannt – zunehmend nebulöser.

2. Haltungsnoten für den Staatsanwalt: Der Eröffnungsbeschluss

Der Eröffnungsbeschluss stellt nicht mehr als eine vergleichsweise einfache rechtliche und tatsächliche Bewertung des Beweisangebotes der Staatsanwaltschaft dar, die, mit der gebotenen Zurückhaltung betrieben, die Kammer (den Amtsrichter) weder zeitlich noch intellektuell überfordern sollte. Terminierung hingegen kann sich zum widerborstigen Geschäft auswachsen. Auf trügerischem Boden wandelt daher, wer glaubt, durch den Eröffnungsbeschluss ohne *gleichzeitige* Terminierung das Verfahren in irgendeiner Weise befördert zu haben: Nichts hat er voran gebracht; sich selbst nur zusätzliche Arbeit beschert.

Einmal – in einem Anfall historischer Begehrlichkeit – sind wir von diesem Grundsatz abgewichen. Der übelste DDR-Mörder war der gefährlichen Körperverletzung angeklagt, begangen in grauer Vorzeit an einem seiner Genossen. Gleichzeitig hingen in drei anderen Kammern Mordverfahren gegen ihn an; Aussicht, gegen den fast 90Jährigen jemals verhandeln zu können, bestand mithin nicht. Diesem Menschen eine Einstellung (§ 154 StPO) zu schenken, widerstrebte uns; die Sache schlicht unbehandelt biologischer Lösung anheim zugeben – was prozessökonomisch einzig angezeigt gewesen wäre – verhinderte die Eitelkeit: Sollten Historiker je wieder auf diese Akten stoßen, sollten sie wissen, dass wir auch für diesen Fall die Wahrscheinlichkeit einer die Zuständigkeit des Landgerichts rechtfertigenden Verurteilung erkannt hatten.

Nun gut, man darf sich auch einmal sinnlose Arbeit auftun. Diese dann nur nicht als Apologie benutzen, für sinnvolle zeitlich allzu sehr beansprucht zu sein. Und zudem: *einmal* mit „Qualität" gemanaged...

Vier Varianten bieten sich – in toto oder doch bezüglich beantragter Form –, eine Verfahrenseröffnung zu hindern:

a) Die vom Ankläger präsentierten Fakten erfüllen keinen Straftatbestand oder tun dies wenigstens in einem oder mehreren der angeklagten Punkte nicht.

Man gibt sich der Lächerlichkeit preis, bejaht man im Mai die Verurteilungswahrscheinlichkeit, um im Juli bei unveränderter Faktenlage auf Freispruch aus Rechtsgründen zu entscheiden. Nicht, dass es dergleichen nicht gäbe: Eine Kammer lässt sich zum Aktenstudium eines Mammutverfahrens mit über 2000 Zeugen monatelang entlasten, eröffnet sodann, verhandelt weitere neun Monate – selbstredend von allen anderen Aufgaben befreit –, um dann festzustellen, nur Bußgeldvorschriften seien allenfalls verletzt. Den Weg beständig vor Augen, das Ziel total verschwommen – ein Musterbeispiel dafür, sich letzterem nicht verpflichtet zu fühlen. Vernünftig betrachtet, verbleibt in der oben skizzierten Konstellation nichts als Ablehnung der Eröffnung – mit sogar halbwegs guten Chancen auf Bestätigung durch das Oberlandesgericht. Wo diese ausbleibt, die erzwungene Verhandlung dennoch mit Freispruch durch die belehrungsresistente Kammer endet, entscheidet der *BGH* den rechtlichen Wettstreit – nicht selten zugunsten des Tatrichters.

Was, gelegentlich so intelligent wie vergeblich angemahnt, dazu führen sollte, die Beschwerdezuständigkeit gegen Nichteröffnungsbeschlüsse dem Revisionsgericht zu übertragen. Sollte...; denn der oben geschilderte Fall des prominenten Juristen endete eben so.

b) Die Fakten erfüllen keinen Straftatbestand, der Strafen verlangte, die nicht auch das Amtsgericht verhängen könnte.

§ 209 Abs. 1 StPO bezeichnet den gesetzlichen Weg. Tatsächlich mag sich ein wenig Kollegialität in die Entscheidung der landgerichtlichen Kammer mischen. Ist man einigermaßen unbelastet, behält man das Verfahren und verschont die ohnehin stets reichlicher versorgte Vorinstanz. Unanfechtbar und angesichts der schwierigen Vorhersehbarkeit angemessener Strafhöhen sowie der „präsumptiv besseren Rechtsprechung" von Kollegialgerichten ist solches Vorgehen vor sich und jedermann zu rechtfertigen – muss es doch auch den Angeklagten erfreuen, wenn der Verlust einer (ohnehin sinnlosen) Instanz durch ein brillantes Urteil gleich im ersten Anlauf mehr als aufgewogen wird. Gefährdet freilich kollegiale Großzügigkeit die zügige Durchführung „echter" landgerichtlicher Aufgaben, gilt wieder das Gesetz. – Den Sand der Sorgfalt ins justizielle Getriebe zu säen, empfiehlt sich dagegen folgendes Vorgehen: Den geständigen Betrüger behält die Kammer und sühnt mit ausgesetzter Strafvollstreckung; bei undurchsichtiger Untreue entsinnt man sich des § 209 StPO.

c) Variante 3: Die Kammer teilt die Ansicht des Staatsanwalts, der Angeschuldigte habe wahrscheinlich genug die Eröffnung tragendes Unrecht verübt, sieht dieses Unrecht freilich abweichend qualifiziert. Diese Konstellation eröffnet fabelhafte Spielwiesen! Zeitaufwändig grübelt der Berichterstatter, in engagierten Kammern gar noch der Vorsitzende (soll es doch gerade in dieser Position filigrane Juristen in geballter Häufung geben), vertiefte Beratungen schließen sich an, der Proberichter steuert fundierte Examenskenntnisse bei. Und geboren wird ein zweiseitig begründeter Beschluss, dass – so genau betrachtet, wie dies nur Richter vermögen – der angeklagte Totschlag in rechtlicher Wahrheit eher eine gefährliche Körperverletzung mit Todesfolge sein könnte.

Folgt ein Zitatennest – wichtig als Arbeitsnachweis. Dass ein Verfahren „lebt“, sich die rechtliche Einordnung, läuft's kompliziert, noch fünfmal ändern kann, dass eben deshalb § 265 StPO geschaffen wurde, wird mit gleichem Einsatz zugeschüttet wie der nur marginale Strafrahmenunterschied der §§ 212 und 227 StGB und die Erkenntnisse des *BGH* zu vergleichbarem Unrechtgehalt. Keinerlei Konsequenzen beschweren dergleichen Beschlüsse. Nur der Wohlfühlfaktor der Bearbeiter steigt: der nächste Entlastungsantrag verspricht Erfolg.

Ergänzend sei ein Gegenargument gegen vergleichsweise summarische rechtliche Würdigungen, wie sie hier vertreten werden, entkräftet (oder dies doch versucht). Selbstredend muss der Angeklagte wissen, welchen konkreten Vorwürfen er sich zu stellen hat, um die aussichtsreichste Verteidigungsstrategie auswählen zu können. Dieses Interesse wird sich indes nahezu hundertprozentig auf den *tatsächlichen* Bereich der Anschuldigungen konzentrieren, weshalb Anklagen, die die Tat nur vage umschreiben, nicht kritisch genug betrachtet werden können. In diesen glücklicherweise höchst seltenen Fällen drängen sich Rücksendung der Anklage zur Nachbesserung – nicht gerichtliche Übernahme der Nachbesserung! – und bei kritikresistenten Staatsanwälten die Ablehnung der Eröffnung auf. Die *rechtliche* Bewertung seiner Tat durch den Staatsanwalt und deren – wenigstens vorläufige – Absegnung durch den gerichtlichen Eröffnungsbeschluss dagegen wird den Angeklagten kaum einmal tangieren: Wird er freigesprochen, bleibt sich gleich, „wovon“; läuft die Verteidigung auf die Anwendung günstigerer Strafnormen hinaus, wird's der Verteidiger – wo es ihn, der Sachbedeutung angemessen, gibt – per Antrag zu § 265 StPO schon richten (so es denn die Kammer nicht schon selbst „richtet“). Und ob der Amtsrichter den Unterschied von Betrug und (Trick-) Diebstahl zutreffend erkennt, war letztmalig bei seinem 2. Staatsexamen relevant: Kein Angeklagter bemüht, konveniert die Strafbemessung, wegen dergleichen Lappalien die Rechtsmittelinstanzen.

Wie obsolet im übrigen die Inflation rechtlicher Hinweise ist, verdeutlicht ein Blick in die alltägliche Beschlusspraxis des *BGH* zur Beruhensfrage bei verletztem (oder vom *BGH* bewusst mit Tenorabänderungen gemiedenen) § 265 StPO: Nicht anders hätte sich der Angeklagte verteidigen können, wären ihm die gerichtlichen Rechtsansichten ein wenig früher und ein wenig deutlicher nahe gebracht worden... Fazit: Die von der Anklage abweichende Rechtsmeinung des Gerichts interessiert erst zu dem Zeitpunkt, zu dem die Kammer, hielte man sie nicht auf, die Beweisaufnahme schließen und – vorbehaltlich brillanter Plädoyers – entsprechend aburteilen würde. Sämtliche voraufgehenden Bekundungen filigraner Rechtskenntnisse sind – jugendfrei formuliert – nichts als fruchtlose Sandkastenspiele.

d) Die Kammer – und dies sorgfältig vorzuprüfen, kann nun wirklich in Arbeit ausarten – sieht die Beweislage als wenig überzeugend an. Der (die) einzige Belastungszeuge(in) etwa fällt im Ermittlungsverfahren mehr durch Widersprüche, unsinnige Aussagen, dubiose Belastungstendenzen auf denn durch nachvollziehbare substantiiert-tatsächliche Beschuldigungen.

Erlebte Beispiele: Die Erinnerung an Einzelheiten der Tat wird allmonatlich besser („Ich hatte ja Zeit, nachzudenken...“); eigenartige anatomische Besonderheiten („Mit einer Hand hielt er mich fest, mit der anderen griff er mir in die Haare, mit der dritten zog er meine Hose ‚runter...“); Anzeigenerstattung am Tage der Trennung vom Angeklagten, allerdings zehn Monate nach der „Tatbegehung“ („Ich konnte das Unrecht nicht länger ertragen...“).

Jeder einigermaßen erfahrene Richter weiß, dass nach dergleichen Eskapaden – die Liste der Beispiele ließe sich mühelos erweitern – eine Verurteilung kaum mehr möglich sein wird. Also aus tatsächlichen Gründen die Eröffnung ablehnen? Versuchen kann man's. Und *sollte* es – in aller Gesetzestreue! Gewonnen sind in aller Regel allerdings nicht mehr als drei Monate, ehe die Akten zurückkehren (freilich, hatte man geschickt den Mund zu voll genommen, zu einer anderen Kammer...). Das sei nicht als Kritik am Oberlandesgericht verstanden. Wir haben dasselbe Spiel mit Amtsrichtern getrieben. Warum? Schwer beantwortbar. Wahrscheinlich sensibilisiert die Bürde letztinstanzlicher Zuständigkeit über Gebühr. Oder so ähnlich.

Angezeigt, scheut man das Ziel „Verfahrenserledigung" nicht allzu stark, sind statt Eröffnungsablehnung – neben der oben skizzierten selbstverständlichen Haftbefehlsaufhebung – Eröffnung, kurzfristige Terminierung und zügiger Freispruch. Der (mit der Kammer) erfahrene Anwalt entnimmt der Freilassung seines Mandanten das richterliche Ziel, der Staatsanwalt ohnehin; gesprächsweise Aufklärung weniger einsichtiger Beteiligter verstößt gegen kein „Absprache"-Verbot. Und die „Qual", durch eine öffentliche Verhandlung gezogen zu werden, wird dem Angeklagten nicht nur durch das Ergebnis versüßt, sondern auch durch das Wissen, dass er bei gesetzestreuem Vorgehen nur einige Monate später „gequält" worden wäre. Einen Freispruch danach nicht revisionssicher begründen zu können, bedürfte schon einigen Ungeschicks. – Seltsames Phänomen: Bei Gesprächen mit Kollegen begegneten mir des öfteren Könner, deren Eröffnungsablehnungen aus tatsächlichen Gründen vom Oberlandesgericht regelmäßig unbeanstandet geblieben waren. Vielleicht hab' ich's nicht oft genug geübt. Oder es handelte sich um jene Vorsitzenden, die ohnedies nie aufgehoben werden. Nach eigener Aussage.

Welche Mängel auch immer die Anklage aufweisen mag, sie wären – theoretisch – zu heilen durch richterliche „Nachbesserungen". Vielleicht ergibt der Akteninhalt ja Anhaltspunkte, den Angeklagten durch gänzlich andere als in der

Anklage benannte Beweismittel zu überführen, die anscheinend kritikwürdige rechtliche Qualifizierung in deutlicherem Lichte doch gerechtfertigt zu sehen, strafschärfende Gesichtspunkte, die auch das längste „Ermittlungsergebnis" unerwähnt lässt, herauszufiltern. Ich habe dergleichen Wühlarbeit – gewiss zu Unrecht im inquisitorischen Verfahren – stets als Kompetenzüberschreitung betrachtet und schlicht verweigert. Und nie erlebt, dass derart zurückhaltender Arbeitseinsatz signifikante Fehler zur Folge gehabt hätte.

> Ein listiger Staatsanwalt verfasste in 15bändigen Akten eine Anklage, die mustergültig einige zehn den Angeklagten belastende Faktoren aufführte und fügte an, „im Übrigen" ergebe der „Akteninhalt" mehrere weitere „den Angeschuldigten sicher überführende Hinweise". Sollte ich – oder der Berichterstatter – nach denen suchen? Den Ball zurückzuspielen, schien ratsamer, will heißen: dem Staatsanwalt nach Erörterung der (im Ergebnis nicht tragenden) zehn „Haupt"-Punkte das Wort zur Vertiefung der „weiteren Hinweise" zu erteilen. „Keine Frage mehr", lautete die Antwort.

Technisch bieten sich alle erörterten Vorprüfungen als Vorsitzenden-Tätigkeit an (sollte dieser das Ausfüllen des EB-Formulars doch ohnehin mit Terminierung und Ladungsverfügung verbinden). Delegation an den Berichterstatter ist nichts als Zeitvergeudung. Diesen und (wenn motiviert oder wegen besonderer Schwierigkeit angezeigt) den zweiten Beisitzer trifft ohnedies die Prüfungspflicht vor ihren Unterschriften. Die gelegentlich anzutreffende bestürzende Inkompetenz eines Vorsitzenden, auch Terminierung und Ladung dem Berichterstatter aufzugeben, sollte fast unerwähnt bleiben. Nicht jedoch, dass alles zu diesem Punkt Erörterte nicht für Verfahren ungewöhnlichen Schwierigkeitsgrades zutrifft, in denen Entscheidungen vieler Art selbstredend durch dreifaches Aktenstudium und intensive

Vor- und Zwischenberatungen aufzubereiten sind. Also etwa für eines von 100.

Die Anklage klingt zumeist anders als der Haftbefehl. Regelmäßig enthält sie umfangreichere Vorwürfe. Vernünftige Richter begegnen daher dem staatsanwaltlichem Antrag auf Aufhebung des alten und Erlass eines neuen anklageentsprechend erweiterten Haftbefehls mit dem Satz im Eröffnungsbeschluss, es werde festgestellt, dass der Angeschuldigte im Umfange der Anklagevorwürfe dringend tatverdächtig sei. Mit der bestechenden Begründung des Kammergerichts, diese Vorgehensweise sei fehlerhaft, weil dem Betroffenen der Segen umfänglicher Verkündung entgehe, ist schwer zu rechten. Also lasse man's. Ist die Vorlage gemäß §§ 121, 122 StPO nicht zu vermeiden, ist auch die geschilderte Haftbefehlsposse nicht zu umgehen. Andernfalls: haben wir immer schon so gemacht... (denn dem *BGH* fehlt auch hier kammergerichtliches Problembewusstsein).

3. Wer, was, wann und wo: Die Terminierung

Juristisch völlig anspruchslos, bieten Terminierung und Ladung vielfältigste Möglichkeiten, ein Verfahren substantiell aufzublähen und ihm die bedeutungsvolle Aura zu verschaffen, die der des Vorsitzenden entspricht. Etliches Grundsätzliches gilt es zu entscheiden:

Wie viel Tage eine Verhandlung vor der großen Kammer dauern mag, ist oft nicht leicht abzusehen. Wird sich der Angeklagte einlassen? Wie ausführlich? Gar geständig? Fühlt sich der Verteidiger als Organ der Rechtspflege, oder bedarf er mehrerer Verhandlungswochen, um die Praxis am Laufen zu halten? Ist er gedanklich ein wenig schwerfällig? Sieht er sich gar als Kampforgan gegen justizielle Repression und betreibt er daher „Konfliktverteidigung" nicht nur gegen vorsitzende Weicheier, sondern gegen jede Kammer? Fragen über Fragen, deren einige mit einiger Erfahrung und Kenntnis der Beteiligten sich selbst beantworten, andere über vorbereitende Gespräche unter den Beteiligten (überwiegend) einverständlich zu lösen sind.

Je bedeckter ein Vorsitzender gegenüber den Beteiligten, insbesondere der Verteidigung agiert, desto zeitaufwändiger wird er agieren dürfen. Manchmal auch nur noch reagieren.

Das Angebot an den Verteidiger (mit Anklagezustellung), man stehe für ein Vorgespräch über das weitere Procedere zur Verfügung, führt regelmäßig, so es akzeptiert wird, zu straffer und übersichtlicher Terminierung. Wird mitgeteilt, der Angeklagte werde sich bestreitend einlassen, bleibt ihm der erste Vormittag vorbehalten. Will er jede Aussage zur Sache verweigern, können erste Zeugen unmittelbar zu Hauptverhandlungsbeginn geladen werden. Bietet er gar ein Geständnis an, bedarf es allenfalls des einen oder anderen die Bonität dieser Einlassung bestätigenden Zeugen, vielleicht, sofern sächliche Beweise vorhanden sind, nicht einmal dieser. „Werden Sie nie an einem Tag fertig", wurde mir bei Übernahme der Schwurgerichtskammer kollegial geraten. Läuft über prozedurale Vorgespräche – hier ist (noch!) nicht von der berüchtigten „Absprache" die Rede – alles in geordneten Bahnen, mag es gelegentlich schwer fallen, diesem guten Rat zu folgen. Aber mit ein wenig gutem Willen gelingt's denn doch zumeist und damit wenigstens die Andeutung von „Qualitätsmanagement".

Unsicherheiten größeren Ausmaßes verbleiben freilich in all jenen nun wahrhaftig auch nicht seltenen Fällen, in denen die Überführung des Angeklagten nur mit Hilfe mehrerer, oft vieler Zeugen, Sachverständiger, sächlicher Beweise und/oder Indizien versucht werden muss. Die Grundsatzfrage lautet, ob man dieser Problematik optimistisch oder pessimistisch gegenüber tritt. Der Pessimist setzt zehn Sitzungstage an und gratuliert sich zu seiner Effizienz, wird er am vierten Tage fertig. Freilich wird er als Kammervorsitzender – anders als der Amtsrichter – kurzfristig die sechs freigewordenen Tage nicht nutzen können. Sie müssen der Fortbildung oder Meditation geopfert werden. Unübertroffenes Vorbild in diesem Bezug ist der Vorsitzende einer großen Strafkammer, der – seinerzeit auch noch zweitinstanzlich zuständig – den gesamten März und den gesamten April 1993 mit Berufungsverhandlungen austerminierte, um Ende Februar alle Termine abzusetzen und die Verfahren der mit dem 1. März 1993 zuständig werdenden Kleinen Strafkammer zu delegieren. Das schaffte Luft.

Der Optimist (mit realistischem Einschlag) bestimmt die Anzahl der Sitzungstage nach vernünftigerweise absehbarer Erforderlichkeit. Sind indes nicht alle Beteiligten „vernünftig", schafft er's beim besten Bemühen nicht in vier Tagen; er muss fortsetzen. Das wäre nun so dramatisch nicht; denn zwei wöchentliche Sitzungstage sind kein gesetzlich festgeschriebenes Maximum. Ein (oder gar beide) Beisitzer könnten jedoch am geplanten Fortsetzungstermin anderweit gebunden sein. Als ich in einem solchen Falle die Verwaltung um Aufhebung des Vertretungseinsatzes meiner Beisitzerin anging, wurde ich belehrt, diese sei keineswegs abkömmlich. Das Dilemma beruhe auf meiner unglücklichen Terminierung; man müsse eben hinreichend Zeit für seine Verfahren einplanen. Im Übrigen sei ich ja gerade derjenige, der unkollegial immer wieder Vertretungseinsätze provoziere, hätte ich doch sogar schon mit *zwei* Kollegen aus anderen Kammern getagt (wenngleich mir dabei Berichterstattung und Urteilsabfassung vorbehalten), müsse also bestens wissen, wie unabänderlich Vertretungseinsätze seien. In solchen Momenten wird man zum Pessimisten – in obigem Sinne –, der man bezüglich Verwaltungsdenken freilich ohnedies gewesen war. Tatsächlich konnte ich mich unmittelbar nach diesem Vorfall nicht enthalten, einige „Luftnummern" zu terminieren. Hielt's aber nicht durch.

Optimistisch oder nicht: Die Namen einiger Anwälte bürgen – aus ganz unterschiedlichen Gründen – für mehr oder weniger sinnlosen, indes unvermeidbaren zusätzlichen Zeitaufwand. Ein, zwei Tage zu addieren, ist geboten, ein

Mehr von zehn zu veranschlagen, verlockend. Wer freilich auch in diesen Konstellationen das Ziel, zum Urteil zu gelangen, nicht gänzlich aus den Augen verlieren will, sollte – so flexibel wie rechtsstaatlich – vier, fünf, sechs Verhandlungstage bestimmen sowie (vorerst!) zehn spätnachmittägliche Fortsetzungstermine zum Zwecke der Anwaltsprofilierung. Von der Präsidialverwaltung bis zum Angeklagten stellt dies jedermann zufrieden.

Der Anwalt, der das Gesprächsangebot des Vorsitzenden annimmt, gewinnt die Chance einer Terminsabsprache. Wer es ignoriert, kennt immerhin die avisierten Daten, wenigstens den ungefähren Zeitrahmen für die Hautverhandlung. „Terminsabsprache" ist freilich ein euphemistischer Terminus, der – ernst genommen – unbegrenzte Möglichkeiten der Verfahrensverzögerung eröffnet. Man versuche einmal, in einem Verfahren mit auch nur sechs Angeklagten und ebenso vielen Verteidigern Einigung über Verhandlungsdaten innerhalb von sechs bis zwölf Wochen zu erzielen. Wer dies ein zweites Mal versucht, ist Workoholic. Mag entgegenkommend ein Konsens noch mit maximal zwei Anwälten möglich werden, gilt ansonsten: Der Vorsitzende terminiert; die Beteiligten erscheinen. Gerichtliche Belange, die wohlverstanden mehr als einmal auch die Belange des Angeklagten sind, gehen vor. Vermeidung sitzungsfreier Tage, Unterschreitung der Vorlagefristen der §§ 121, 122 StPO, Anpassung an die freien Tage des Sachverständigen, kurz: das Beschleunigungsgebot, überlagern die Interessen der Anwaltschaft, sich stets mehr auf den Teller zu tun, als man aufessen kann. Ergebnis stringenter Terminierung und Ablehnung (nahezu) jeden Kompromisses ist im Übrigen nach allen Erfahrungen, dass die zunächst völlig unabkömmlichen Verteidiger sich plötzlich unter größten Schwierigkeiten denn doch noch freizumachen wussten. Wie schön.

Will dies absolut nicht gelingen, hilft gelegentlich der Griff in den Giftschrank (den man auch als bloßer Tatrichter pflegen sollte...): Bestellung eines weiteren Verteidigers zur

„Verfahrenssicherung" schmerzt fast jeden Anwalt. Abtrennung des Angeklagten aus dem Verfahren, dessen Verteidiger hartnäckig verhindert bleibt, Vorlage des abgetrennten Verfahrensteils an das Oberlandesgericht mit dem Vermerk, die Kammer hätte, wie die Terminierung gegen die Mitangeklagten verrate, ohne Mühe auch gegen diesen Angeklagten verhandeln können, sehe sich daran allein durch die anderweitige Überlastung des Verteidigers gehindert. Abschrift an den Angeklagten. Nie wieder hat dieser Anwalt bei dieser Kammer keine Zeit.

Flexibilität in weniger bedeutsamen Punkten verschafft den angenehmen Ruf umgänglicher Liberalität. Sind die Sitzungstage der Kammer (etwa) Mittwoch und Freitag, stört es den Fortgang des Verfahrens nicht, weicht man auf Anwaltswunsch einmal auf einen anderen Wochentag aus. Den Verteidiger macht's glücklich; die Richter merken's kaum. Nur: *Beginnen* sollte ein Verfahren außerhalb der ordentlichen Sitzungstage nur, wer die einschlägige Rechtsprechung des *BGH* nicht allein gelesen, sondern auch verstanden hat, ob die Mittwochs- oder die Freitagsschöffen für eine kollegialiter am dazwischen liegenden Donnerstag gestartete Verhandlung gesetzlich berufen sind, wie sich die Rechtslage darstellt, gelüstet es die Beteiligten, montags anzufangen. Wann ist da wer gut? Wann ist neu auszulosen? Gewiss, wer dies beherrscht, hat irgendwann einmal beträchtliche Zeit investiert und „qualitäts"-reich den eigenen Feierabend verzögert. Manch Anwalt mag das Thema spannend finden. Der *BGH* musste es mal spannend finden.[3] Ich noch nie. Wer einfach am Anfang anfängt, benötigt *solche* Rechtskenntnisse nicht.

Über den Umgang mit Laienrichtern wird das eine oder andere Wort – später – zu verlieren sein. Mit der Terminierung haben sie nichts zu tun. Oder?

---

[3] Vgl. etwa BGHSt 43, 270; näher *Meyer-Goßner*, StPO, 49. Aufl. (2006) § 47 GVG Rn. 1 m.w.N.

Einer Kammer steht ein Verfahren ins Haus, das trotz effizienten Managements kaum unter 30 Sitzungstagen abzuschließen sein wird. Der Vorsitzende nutzt den ersten freien Sitzungstag für den Beginn. Wie das Gesetz es befiehlt. Und er bestellt zwei Ergänzungsschöffen. Die nächsten Wochen darf er sodann damit verbringen, circa 20 Entschuldigungen zu bearbeiten, in denen wortreich die Unmöglichkeit ausgebreitet wird, an einem derartigen Einsatz mitzuwirken („Gebuchte Reise nach Samoa", „zwei Kinder im Säuglingsalter", „Beruflicher Einsatz in Argentinien"; „Unerträgliche Rückenschmerzen" e.t.c.). Befreiungen? Wenn dabei ein Fehler unterläuft? Wenn den dann einer als „willkürlich" empfindet? Und es durchzuckt den Vorsitzenden ein Gedanke, dessen er sich (beim ersten Mal?) wochenlang schämt: „Hätte ich einen Tag später begonnen... der nette Beamte vom Umweltschutzamt, die berentete Klofrau, die sich auf jede Sitzung freut, weil sie sich Urlaub ohnehin nicht leisten kann..." Und weiter spinnt er: „Am 7. September ist wieder die nervige Schwätzerin dran, die die Psychiater in endlos-unsinnige Diskussionen zieht, weil sie Tipps für ihren drogensüchtigen Sohn erhofft, am 16. Oktober der Frührentner, der von der Todesstrafe träumt, am 22. Dezember der verklemmte Lehrer, der Mordmerkmale bei unglücklicher Kindheit entfallen lässt..." Und immer wieder die schmerzliche Alternative: Ein bisschen mehr gesetzlicher Richter? Oder ein bisschen mehr Scham?

Sind die Termine bestimmt, wollen sie gefüllt werden. Die objektivste Behörde der Welt bietet das Material, sagen wir 40 Zeugen und drei Sachverständige in einem umfänglichen „streitigen" Schwurgerichtsprozess. Diese ausgewogen auf 10 bis 20 Sitzungstage zu verteilen, verspricht gebührenden Arbeitsaufwand für etliche Beteiligte. Arbeitsaufwand zumal, der das Modewort „nachhaltig" rechtfertigt. Denn kaum ist das kunstvolle Ladungsverfügungsgebilde hinausgegangen, trudeln die ersten Entschuldigungen ein, Umladungen werden erforderlich, unausfüllbare Lücken tun sich auf, vermehrt durch unentschuldigt nicht erscheinende Zeugen. Es geht freilich auch anders, obschon deutlich schlichter:

Der Vorsitzende sucht die wesentlichen Belastungszeugen heraus – mehr als vier, fünf werden das unter obigen Vorgaben kaum je sein – und lädt sie auf die ersten Sitzungstage. Danach wird bilanziert. Tragen die gewonnenen Erkenntnisse nicht, ist kaum zu erwarten, dass die – vielleicht – verfügbaren und grundsätzlich als Mosaiksteine verwertbaren Marginal-Zeugen und sonstigen Indizien noch für eine Verurteilung ausreichen werden (ganz gewiss nicht, wie immer wieder urteilsvernichtend versucht wird, durch „Entlastungszeugen", deren Aussagen man durch gehaltvolle Befragung als Gefälligkeiten entlarvt hat!). Also Freispruch. Und ersparte Ladung einiger 30 Personen. Freilich empfiehlt es sich, derartige Ladungen mit dem – selbstredend albernen – Hinweis zu verbinden, die Ladung weiterer Zeugen bleibe vorbehalten. Dies zur Beruhigung von Anwälten, die sich, sei es aus Gründen der Obstruktion, oder beruhe es auf intellektueller Schlichtheit, zu Ablehnungen aufgerufen fühlen könnten – „Befangenheitseindruck, weil nur Belastungszeugen geladen wurden..."

Kleines Zwischenfazit: Freisprüche bedürfen nur weniger Verhandlungstage. Wenn nicht, war die Kammer am letzten Sitzungstage einem schockierenden Entlastungsbeweis ausgesetzt worden. Oder hatte die Schöffen nicht im Griff (dazu später mehr!). Oder sie vernachlässigt das Management zugunsten des „Qualitätsmanagements".

Neigt sich die Waage dagegen nach zwei Tagen signifikant zu Ungunsten des Angeklagten, bietet sich ein Gespräch unter den Prozessbeteiligten an, auf welche Teile des angebotenen Beweismaterials allseits (oder auch nur einerseits) noch Wert gelegt wird. Der 3. Sitzungstag – zum Zwecke angemessener Ladungsfristen auf zehn, elf Tage hinausgerückt – könnte bereits zum letzten werden. Jedenfalls, sofern alle

Beteiligten an der Rechtsfindung interessiert sind. Verfolgen sie andere Ziele, tut sich ein neues Thema auf: Zu entscheiden ist nicht mehr, wie zu *laden*, sondern wie zu *verhandeln* ist. Das hier skizzierte Maß an ladungstechnischer Selbstbeschränkung sollte übrigens auch den zufrieden stellen, der ein Verfahren lieber führt denn erledigt – wer suchet, der findet, und nicht immer sind die Verteidiger schuld, wenn ein Verfahren versandet. Gekonnte Terminierung kann zum „Grundstein" werden:

> Der Prozessausgang hängt davon ab, ob die Bekundungen einer schwerbehinderten Zeugin (Zweitopfer des Angeklagten) über sächliche Indizien zu verifizieren sind. Die Kammer hört wochenlang Nebenzeugen, Gutachter, erhebt Sachbeweise, gerät ins Zweifeln, hebt den Haftbefehl auf. Hört dann die mental Behinderte, fühlt sich nunmehr überzeugt und verhängt lebenslange Freiheitsstrafe. Das musste schief gehen, und der Vorsitzende, der im vorherigen Durchgang aus schlichter Faulheit freigesprochen hatte, fand sich – vermutlich zur eigenen Überraschung – vom *BGH* spät rehabilitiert.[4]

Sächliche Beweiserhebungen passen bestens in die unvermeidlichen und unvorhersehbaren Lücken eines jeden Prozesses. Ganz spontan lassen sie sich einfügen; irgendwelcher „Vorbereitungen" bedarf es nicht. Und jeder zeitbewusste Prozessbeteiligte kennt und nutzt § 249 Abs. 2 StPO. Wer seine eigene Stimme liebt, liest dagegen tagelang vor.

Eines noch: Verhandlungsführung hängt vom jeweiligen Verhandlungsführer ab, ist individuell stark unterschieden. Führt der Vertreter die Sitzung straffer als der Vorsitzende, wird enger zu laden sein. Oder dem Vertreter (ausnahmsweise) Gelegenheit gegeben werden, das Laden übend dem eigenen Tempo anzupassen.

---

[4] Vgl. *BGH* NStZ 2004, 270.

4. Selektives Aktenstudium: Die Vorbereitung auf die Hauptverhandlung

Den Akteninhalt zu kennen, erleichtert die Führung durch die Hauptverhandlung. Zwingende Voraussetzung ist es nicht. „Schwimmt“ der Vorsitzende, könnte ein Beisitzer helfend einspringen, gelegentlich der Staatsanwalt, stets der wache Verteidiger, den es zu nichts so drängt wie zur Verhandlungsleitung. Ein Präsident stellte vor Jahren fest, er habe anlässlich einer „Überhörung“ mit einigem Erstaunen konstatieren müssen, dass eine Hauptverhandlung recht gut auch ohne Vorsitzenden auskomme. Na bitte. Ein Anwalt berühmte sich, es sei ihm regelmäßig gleichgültig, wer unter ihm den Vorsitz führe. Und wer so führt, setzt sich dem Vorwurf nicht aus, er vernachlässige den Weg um nichts als des Ziels willen.

Indes: Vorbereitete Vorsitzende und Berichterstatter, assistiert vom zweiten, so vorhanden, Beisitzer, bergen gefährliche Straffungspotentiale. Um ihren eigenen Einsatz entsprechend zu straffen, bietet sich allerdings an, die Intensiv-Vorbereitung (Grobdurchsichten verlangten ja schon die bisherigen Prozessschritte) zeitlich so sitzungsnah wie eben möglich zu betreiben; denn das Gedächtnis ist ein unzuverlässiger Begleiter, und wenig wird gewonnen, wenn Notizen ihrerseits auf Aktenstärke anwachsen, um halbwegs verständlich zu bleiben. Dass dies nur für Verfahren von einigem Umfang gilt, liegt auf der Hand. Warum der Amtsrichter den Prozess um ein gestohlenes Mobiltelefon mit bundesrichterlicher Akribie betreiben sollte, selbst wenn drei divergierende Zeugenaussagen leichte Verwirrung zu stiften geeignet sein mögen, bleibt denen zu beantworten vorbehalten, die Verantwortungsübernahme für Erledigungen als „Qualitäts“-Mangel beklagen.

Selbst umfänglichste Verfahren enthalten gelegentlich Potentiale, die vorbereitenden Studien zu limitieren:

Ein spät als solcher erkannter Serienmörder entschloss sich zu uneingeschränkten Geständnissen. Die eigentlichen Verfahrensakten bestanden aus vier übersichtlichen Bänden. Die Originalakten seiner bis dato unaufgeklärten (oder irrig anderweit abgeurteilten!) Taten hingegen summierten sich auf über 50. Alles lesen, um der Glaubhaftigkeit seiner Geständnisse sicher zu sein? Horrorvorstellung. Aber höchst naheliegend – war doch in einem jener Fälle ein auch „geständiger" Verdächtiger zu acht Jahren Freiheitsentzug verurteilt worden, und zwar ganz wesentlich deshalb, weil seine Tatschilderungen ein wenig unsensibel mit den Tatortgegebenheiten abgeglichen worden waren. Nur: Täterwissen kann, wie der Name verrät, allein der Täter haben. Und so blieben 50 Bände Beiakten ungelesen und wurde stattdessen der leitende Vernehmungsbeamte zeugenschaftlich geladen. Würde er zu jedem der acht eingestandenen Morde überzeugendes, in den Vernehmungen bekundetes Täterwissen berichten können, waren des Angeklagten Geständnisse glaubhaft. Hätte er es in Einzelfällen nicht gekonnt, wäre zwischen den Sitzungstagen ausreichend Zeit verblieben zu ergänzendem Beiakten-Studium. Übrigens: er konnte.

5. Unwort des Jahrzehnts: Der „Deal"

Gelegentlich bietet sich an, das intensive Aktenstudium ein wenig vorzuziehen. Dann nämlich, sei es auf Initiative des Anwalts, sei es auf die des Vorsitzenden, eine Aussprache über die Verfahrensaussichten angestrebt, gar eine Absprache des Verfahrensergebnisses ins Auge gefasst wird. Vulgo: Ein „Deal".

Was ist das, was darf das sein, was sollte das sein?

Der US-amerikanische Staatsanwalt ermittelt, einigermaßen erfolgreich, einen Mordfall, sieht freilich die Freilassung des Beschuldigten gegen Kaution ebenso pessimistisch voraus wie ein zähes Verfahren. Zudem weiß er sich realistisch dem Verteidiger zwar nicht fachlich, so doch an Eloquenz unterlegen und kennt die Manipulierbarkeit von Geschworenen. Also trifft er sich mit der Gegenseite zum „Plea Bargaining“: Verteidigerberaten erklärt sich der Beschuldigte „schuldig“; der Staatsanwalt verzichtet auf die gut mögliche Mordanklage und sagt verbindlich eine abgestufte Strafe wegen bloßen Totschlags zu. Der das Urteil verkündende Richter muss zwar zustimmen. Aber: wie sollte er nicht?!

Bis zu 95 % aller Verfahren sollen dergestalt in den USA erledigt werden. Was, lebt man mit dem Jury-System, immerhin in 95 % aller aufgeklärten Straftaten halbwegs angemessene Sühne verheißt. Und bezüglich des fünfprozentigen Restes gestattet, die Fahne der Basisdemokratie zu schwenken: Wer darauf besteht, darf nur von „seinesgleichen“ abgeurteilt werden.

In dieser Form ein Strafverfahren zu betreiben, wäre in Deutschland gesetzeswidrig. Hat der Staatsanwalt hinreichende – treffender: hinreichend erscheinende – Beweise für seine Mordanklage gesammelt, darf er diese nicht für ein Schnellverfahren vergessen und dem Beschuldigten gegen dessen unsubstantiierte Einlassung, „schuldig“ zu sein (wer, schließlich wäre das nicht?), 15 gute Jahre wegen Totschlags zusichern. Hat er 123 Straftaten anklagereif aufgeklärt, verbietet das Legalitätsprinzip, einem Beschuldigten Straffreiheit zu versprechen, sollte er „kronzeugenschaftlich“ seine zehn Bandenmitglieder als Messer liefern. Das Urteil nicht nur allein dem Gericht zu überlassen, sondern seine Legalität zwingend an „prozessförmig“ gefundene „Wahrheit“ zu knüpfen, schreibt das deutsche Gesetz vor.

Tut es das?

Das Legalitätsprinzip sagt eben das. Indes: Mannigfache Einfallstore, Opportunitäts- und Strafzumessungsvorschriften genannt, durchlöchern die hehre Festung. Straffreiheit bei 123 nachweisbaren Straftaten wird sich kaum erreichen lassen, wohl aber – mit oder ohne „Kronzeugenregelung" – massiver Strafnachlass bei Geständnis und Kooperation gegen die Mittäter. § 46 StGB – „...sein Verhalten nach der Tat..." – macht's möglich. Und wer von 123 Taten 50 einräumt, bezüglich des „Restes" jedoch Komplikationen voller Verzögerungspotentials andeutet, müsste einem völlig unterbeschäftigten Staatsanwalt anheim gefallen sein, der nicht genau 73 gemäß § 154 StPO einstellen würde. Und sind es nicht gerade 123 Straftaten und ist man nicht ganz unbemittelter Beschuldigter, verhilft § 153 a StPO sogar zur Straffreiheit. Die „Schwere der Schuld" darf nicht entgegenstehen – gut. Nur ist diese Schuld nie gemessen, geschweige denn prozessförmig nachgewiesen worden – wäre sie's, würden weder Staatsanwalt noch Gericht aufdringliches Einstellungsinteresse bekunden –, ja nicht einmal notwendig und noch so schwammig eingestanden. Zahlungswilligkeit ersetzt Wahrheitsfindung. – Nicht dem Gesetz gilt die Kritik. Allenfalls deutscher Aufgeblasenheit.

Zurück zur Mordermittlung, die absprachegemäß zur Totschlagsanklage mutiert. Bei uns undenkbar?

Vor etlichen Jahren fand die Polizei eine an der Autobahn abgelegte Leiche mit eindeutigen Strangulierungsmerkmalen, war auch bald imstande, „Täter" zu präsentieren – wie erwartet aus dem geschäftlichen Umfeld des Opfers. Einer konnte festgenommen werden, zwei waren in Pakistan abgetaucht, ein vierter – Bruder des Festgenommenen – ging der italienischen Polizei ins Netz und studierte in Rom die rechtlichen Möglichkeiten, der Auslieferung zu entgehen. In lebensnaher Betrachtung klagte die Staatsanwaltschaft wegen Habgiermordes an – Ausschaltung eines geschäftlichen Konkurrenten – und würzte ihre Vorwürfe mit der ebenfalls nicht fernliegenden Vermutung, der Angeschuldigte und seine Kumpane hätten heimtückisch gehandelt. Das eine oder andere Indiz mochte unterstützend wirken; Beweise gab es nicht. Der Angeklagte schwieg; sein Bruder in Rom desgleichen. Absehbar war, dass beide an ihrer Strategie festhalten oder der Bruder den Angeklagten entlasten oder ihn belasten, letzteres zur Gegenbelastung führen würde. In diesem Stadium fragte der Verteidiger, ob das Gericht ein „Geständnis unter Ausklammerung der Mordmerkmale" zu akzeptieren bereit sei. Wie sollte es nicht? Das tatbezogene Merkmal der Heimtücke wäre nicht zu verifizieren gewesen; die bloße Behauptung voraufgegangenen erbitterten Streites hätte, weil so fernliegend nicht, unüberwindbare Zweifel wecken müssen. Ein sympathischeres Tötungsmotiv als Habgier ließ sich allemal finden, zumal die attraktive Frau des Angeschuldigten dem späteren Opfer unsittlich geneigt gewesen war (gewesen sein soll...). – Also verlas der Verteidiger in der Hauptverhandlung eine vom Angeklagten unterschriebene Erklärung, die verdeutlichte, dass beiden die rechtlichen Unterschiede von Mord und Totschlag geläufig waren. Neuneinhalb Jahre befand das Gericht als angemessen. Der Kollege der amerikanischen Staatsanwaltschaft hätte ein ähnliches Ergebnis wohl auch erreicht – freilich unter höchst verwerflicher Verletzung vorskizzierter deutscher Prozessmoral. Immer auf dem hohen Ross bleiben!

Worin liegt dennoch ein elementarer Unterschied? Dass Richter immerhin *entschieden* (und nicht nur zustimmten)?

Vor endlos langer Zeit deckte die Staatsanwaltschaft Rauschgiftgeschäfte ungewöhnlichen Ausmaßes mit über 70 Beteiligten auf. Oder versuchte es doch. Jedenfalls brachte sie den Kopf der Privatmafia dazu, gegen das Versprechen (!) einer Höchststrafe von drei Jahren einschränkungslos zu kooperieren. In seinem Verfahren – begreiflicherweise als „Pilotprozess" geführt – beschwor sie die unwillige Kammer, das Höchststrafversprechen nicht zu konterkarrieren, weil sonst die Hilfsbereitschaft des Angeklagten leiden und alle Folgeverfahren gefährdet sein könnten. Die Kammer folgte. Und weiß bis heute nicht, ob es richtig war, den stark amerikanisierten Staatsanwalt lediglich für die Zukunft an die Leine zu legen. Ein wahrhafter *Gerichts*entscheid.

Wenn nicht gerade in diesem Falle, so doch in all jenen Konstruktionen, die Gegenstand der unendlichen Diskussionen um den „Deal" sind, geht es um Verfahren, in denen Gericht und Verteidigung Absprachen zur Verfahrensbeschleunigung treffen, staatsanwaltliche Rechtspositionen dabei jedoch eher vernachlässigen, wenn nicht grob missachten. Soweit jedenfalls die Vorwürfe.

Pro und Contra:

Ein einverständliches Ergebnis zu erstreben, gründet im inquisitorischen Prozess deutscher Provenienz nicht auf der Sorge, wankelmütige Laienrichter möchten zu Wachs in den Händen brillanter Verteidiger werden. Letztere sind eine eher seltene Spezies, erstere genießen – wenn denn doch mal nötig – korrigierende Einflussnahme durch ihre professionellen Kollegen. Grund ist vielmehr das Bestreben, justizielle Ressourcen zu schonen, Zeit und Geld zu sparen und dies durchaus im täglichen Geschäft, nicht nur bei drohenden sogenannten „Großverfahren". In aller Regel werden Verfahren zu Großverfahren allein durch die Strategie der Verteidigung, die ohnehin zugunsten einverständlicher Lösungen allenfalls aufgegeben wird, wenn das Gericht über Wochen und Monate der Verhandlung mehr Rückgrat bewiesen hat, als von Verteidigerseite erwartet worden war (oder wenn dem Mandanten das Geld verknappt...). Ein „normales" Verfahren vor einer allgemeinen großen Strafkammer durch Absprachen von sechs auf zwei Sitzungstage zu verkürzen, bedeutet immerhin, gelingt es, sagen wir, zehnmal, jährlich 40 freie Sitzungstage. Frei wofür? Erholung? Kantinengespräche? Fortbildung? Entlastung anderer Strafkammern? Na, was wohl?

Und endlich dient das einverständlich gefundene Urteil allseitiger Befriedung – ein weitgehend in Vergessenheit geratenes, m. E. jedoch höchst ehrenhaftes Ziel (straf-)richterlicher Entscheidungen. Darüber hinaus führt es – in aller Regel jedenfalls (ansonsten s. u.!) – zur Rechtskraft, verringert ein wenig die erstinstanzliche Nacharbeit, entlastet die Rechtsmittelinstanzen, ermöglicht zügige Vollstreckung und spart Kosten.

Zudem: Menschen, die miteinander reden, missverstehen einander seltener. Sphinxhaftes Verhalten gilt manchem Richter als Ausdruck berufsimmanenter vornehmer Zurückhaltung, penibler Rechtstreue. Wie man so sagt. Sorge, abgelehnt zu werden, generelle Verteidigerphobie, Kontaktschwierigkeiten dürften realistischere Gründe bilden. Der Anwalt, der bei bestimmter Kammer hohe Bestrafung fürchtet und erwartet, deshalb wochenlang zeit- und nervtötend gegen den Verfahrensabschluss streitet, mag sich nach moderatem Urteil ein wenig deplaziert vorkommen (eher wohl das Ergebnis seiner Hartnäckigkeit gutzuschreiben geneigt sein...). Nach zwei Tagen hätte man fertig sein können, hätte er gewusst, wie nahe gerichtliche und staatsanwaltschaftliche Strafvorstellungen den seinen waren. – Der Vorsitzende, der seinen Beisitzer – vor 1993 – abmahnt, man sei nicht auf dem „orientalischen Bazar“, weil dieser dem berufungsführenden Anwalt erfolgreich zur Rechtsmittelrücknahme geraten hatte, hätte lieber mit acht Zeugen ganztägig die Verwerfung erarbeitet. Prinzipien wollen geritten sein. Realitätsnahe Vernunft gerät in den Verdacht der Schlamperei, gar der Rechtsverletzung.

Vorstehende Ausführungen mögen den Eindruck erwecken, der Verfasser sei glühender Anhänger der „Absprache“, des „Deals“. Er ist es – in *dieser* Begrifflichkeit nicht. Strafmaß*handel* ist unzulässig. Die in extremo ausdiskutierten Bedenken

> – Fehlen gesetzlicher Grundlagen, mangelnde Prozessförmigkeit vor Urteilsfindung, fehlende Einbindung des Angeklagten, praktischer Ausschluss der Öffentlichkeit, Übergehen der Schöffenrechte, gar der Kompetenzen der Staatsanwaltschaft, mangelhafte Verifizierung von Geständnissen, unzulässiger Druck auf den Angeklagten im Falle „mitvereinbarten“ Rechtsmittelverzichts u. a. –

haben zu begrüßenswerten höchstrichterlichen Klärungen geführt.[5] Die Frage verlohnt freilich, warum diese und verwandte Entscheidungen überhaupt ergehen mussten. Fast ausnahmslos beruhen sie auf tatgerichtlichen Verhaltensweisen, die nur „ungeschickt“ zu nennen euphemistisch wäre:

> Da antichambriert ein Vorsitzender so hartnäckig wie vergeblich beim Oberstaatsanwalt, um den von einer Strafmaßzusage zu überzeugen, die nur marginal von den Vorstellungen der Verfolgungsbehörde abwich. Da verspricht eine Kammer für den Geständnisfall die Aussetzung der Strafvollstreckung, verhängt, als der Vorschlag abgelehnt wird, um die acht Jahre. Da sagt ein Vorsitzender als Höchstmaß ein Jahr voraus und wird von Beisitzern und Schöffen in den Regen gestellt. Da qualifiziert eine Berufungskammer sehenden Auges eine grobe Missetat als minderschweren Fall, um die hastig zugesagten 90 Tagessätze rechtfertigen zu können. Da setzt eine Kammer die Verkündung eines extrem angeklagtenfreundlich abgesprochenen Urteils auf 9 Uhr an, verkündet jedoch in intimem Kreise gegen 8 Uhr. Wer mag schon Pressegenörgele? Da verlangt ein Gericht den – widerwillig erteilten – Rechtsmittelverzicht des Angeklagten und ist so fair wie dämlich, dies auch noch zu protokollieren.

[5] BGHSt 43, 195; BGHSt (GS) 50, 40.

Der Katalog alberner, nicht selten würdeloser gerichtlicher Missgriffe ließe sich nahezu beliebig verlängern. Er könnte amüsieren, lieferte er nicht Munition, auch *die* Verfahrensweisen zu diskreditieren, die nur vordergründig den Eindruck erwecken, als werde mit dem Strafmaß Handel getrieben, die in Wahrheit jedoch nichts als richterliche Offenheit reflektieren. Mit *diesem* Begriff mag man sich eher befreunden – verfängt hierin doch keines der oben skizzierten Bedenken:

Warum muss in einem demokratisch verfassten Staat alles gesetzlich geregelt sein? Ist es nicht vielmehr Ausweis gereifter Demokratie, dass alles nicht expressis verbis Verbotene erlaubt ist?

Bedeutet „Prozessförmigkeit" – die Einhaltung zwingender prozessualer Vorschriften steht doch für keinen Richter zur Disposition –, dass vorzutäuschen ist, man ringe sich zum Geständnis durch? Was unterscheidet ein Geständnis, das dem Angeklagten von seinem um ihn bemühten Anwalt nahegelegt wird von der geständigen Einlassung, die auf vorab erfolgter richterlicher Strafminderungs-Zusage beruht?

Jeder Richter hat eine grobe Vorstellung davon, welche Strafe er, bestätigte sich der Anklagevorwurf uneingeschränkt, mit dem Urteil nicht überschreiten wird. Für eine Vielzahl von Zwischenentscheidungen muss er sich diese Frage geradezu zwingend beantworten (Eröffnung vor unterem Gericht, Haftentscheidungen u. a.). Was spricht dagegen, diese Antwort auch anderen Verfahrensbeteiligten, nicht nur sich selbst und allenfalls seinen Beisitzern zu geben? Jeder Richter wird in jedem Falle gezwungen sein, ein glaubhaftes Geständnis mildernd zu bewerten, wobei in diesem Zusammenhang belanglos bleibt, ob er das Ausmaß des Strafnachlasses – § 46 StGB treu angelehnt – plötzlich ausgebrochener Reue anpasst oder – lebensnäher – dem prozessökonomischen Wert des Geständnisses. Warum sollte er das (Mindest-)Maß dieses „discounts" den Verfahrensbeteiligten verheimlichen? Mit beiden Antworten verriete er nicht mehr, als er dem gar nicht fragenden, geständig und geduldig sein Schicksal abwartenden Angeklagten mit dem Urteil auch verraten müsste. Aber: der Angeklagte weiß *vor* oder *während* der Verhandlung, was geständiges Verhalten „wert" ist; richterliche Offenheit bietet Brot statt Steine. Er kann sich anschließen oder um den Freispruch – nicht ganz selten erfolgreich – „pokern".

Wie kann der Angeklagte dabei von der – selbstverständlich erforderlichen – Mitwirkung ausgeschlossen sein? Sollte ein närrischer oder sich selbst maßlos überschätzender Anwalt „Absprachen" ohne den Mandanten treffen, wären die Makulatur, beschlösse der, weiter zu bestreiten. Ist ein Angeklagter Wachs in den Händen seines Verteidigers, gestände er etwa unschuldig die nicht verübte Tat – damit der Anwalt schneller in die Praxis zurück gelangt? –, wäre er dies gleichermaßen, hätte das Gericht seine Strafvorstellungen nicht offen gelegt.

Die öffentliche Beteiligung fehlt in Fällen der Absprache? Ich läse gern mal einen Aufsatz über den Einfluss der Öffentlichkeit auf Urteile einer selbstbewussten Strafkammer. Der wäre schön kurz.

An den Schöffen werde vorbeijudiziert? Sie hören, in welchem Zeitpunkt immer sich das anbieten mag, die berufsrichterlichen Strafvorstellungen und können – besser: müssen – dazu Stellung beziehen. Empfinden sie den Vorschlag als zu hart, bleibt ihnen unbenommen – den Angeklagten wird diese Abweichung von der Zusage wenig stören –, die avisierte Strafe hinabzustimmen. Sehen sie diese als zu nachgiebig, fehlt ihnen (in großer Kammer wenigstens) die gesetzliche Möglichkeit, Einfluss per Abstimmung zu nehmen. Hätten sie solchen indes in „prozessförmigem" Verfahren realisiert? Dass sie den Berufsrichter von der Notwendigkeit härteren Strafens überzeugen, im Falle erfolgter Zusagen – die den Schöffen offen einzuräumen sind! – gar erfolgreich durchsetzen, dass wegen bislang übersehener Strafschärfungsgesichtspunkte diese zu revidieren sind, ist in seiner Realitätsferne schlicht abwegig. Anders gesagt: Rechte und Einflussmöglichkeiten der ehrenamtlichen Richter sind identisch bei „offenem“ wie bei „gesetzestreuem“ Verfahrensgang. – Die Machtverhältnisse der Spruchkörper freilich bedingen, dass der Schöffengerichtsvorsitzende wie der „Kleinkämmerer“ die offene Mitteilung seiner Rechtsansichten unter die Bedingung stellt, wenigstens einen seiner Schöffen überzeugen zu können (für den Fall, dass der Verteidiger diese Machtverhältnisse so recht nicht durchschaut haben sollte).

Besteht die Absprache, der „Deal“, in nichts anderem als der Offenlegung richterlicher Strafzumessungsvorstellungen, bleibt endlich schwer begreiflich, welche staatsanwaltschaftlichen Rechte hierdurch verletzt, auch nur tangiert werden sollten. Fragte der Staatsanwalt so neugierig wie der Verteidiger, erhielte er keine andere Antwort. Manche Staatsanwälte tun dies – aus welchen Gründen auch immer. Fragt er nicht – und das Gericht informiert ihn nicht kollegialiter über voraufgegangene Zusagen an den Anwalt –, steht er kein bisschen schlechter da, als vor einer grundsätzlich in alle Richtungen schweigenden Kammer. Für falsch gehaltene Urteile muss er anfechten – seien sie angekündigt gewesen oder nicht. Nur: Weder dem einen noch dem andern muss er vorher zustimmen. Wo wäre denn dergleichen „prozessförmig“ geregelt?

Wer ein dubioses Pauschalgeständnis ungeprüft akzeptiert, sich um Widerlegung oder Verifizierung nicht bemüht, ist für die Arbeit des Strafrichters – sehr vornehm umschrieben – eher ungeeignet. Mit Absprachefreundlichkeit oder Sphinxgebaren hat dieses Argument absolut nichts zu tun. Ergo:

Die wohlverstandene Absprache ist nichts anderes als eine allen Beteiligten gegenüber offene Darlegung, in welcher Höhe das Gericht ein Geständnis (oder ausnahmsweise andere verfahrensverkürzende Handlungen oder Unterlassungen) strafmindernd zu honorieren bereit ist.

Anders gesagt: *Wäre nichts abgesprochen worden, hätte der Angeklagte indes selbst- oder anwaltsbestimmt gestanden, wäre er in genau gleichem Ausmaß sanktioniert worden.*

In dieser Betrachtung sind die Kautelen des *BGH* so entbehrlich wie – seitens der Instanzgerichte – mühelos zu befolgen. Wer nichts Gesetzwidriges tut, kann seine Gesetzestreue gern auch protokollieren. Und gegenüber dem einen oder anderen Anwalt protokolliert der Richter tunlichst noch das Trivialste. Zum Selbstschutz.

Ein Beispiel zum Kern des Gesagten: Anders als viele Rechtsanwälte fragte mich ein befreundeter Verteidiger in über 30 Jahren und vielen gemeinsamen Verhandlungen nie vorab nach meinen Ansichten. Er wusste, wann streitige Verhandlung verlohnte und errechnete den „Geständnisrabatt" in allen anderen Fällen selbst aus. Zutreffend.

Nicht Offenheit, nein, das genaue Gegenteil vielmehr bezeugt das Bemühen, richterlich auf Rechtsmittelverzichte hinzuwirken – direkt oder „subtil". Der Tapsigkeit, eigenen Urteilen erst nach deren Rechtskraft zu vertrauen, hat der *BGH* – leider wieder höchst notwendiger Weise – den Riegel vorgeschoben.[6] Wie sagte Sarstedt schon vor Jahrzehnten – „Die Würde des Gerichts können nur Richter selbst verletzen."

Vier – gar nicht so fiktive – Gespräche; „qualitativ" oder primitiv „gemanaged":

Anwalt: Womit hätte mein Mandant ohne oder mit Geständnis zu rechnen?
Richter: Sechs Jahre in streitiger Verhandlung, viereinhalb bei Geständnis würden nicht überschritten.

---

[6] Vgl. BGHSt (GS) 50, 40.

Ergebnis: Übereinstimmung, Geständnis, vier Jahre und sechs Monate, Rechtskraft.

Anwalt wie oben.
Richter: Das wissen wir erst am Ende der Verhandlung.
Ergebnis: Bestreiten, sechs Sitzungstage, sechs Jahre, Revision (Ausgang offen) oder Freispruch, Revision (Ausgang offen)

Anwalt und Richter wie oben.
Anwalt: Bei einer „2" vor dem Komma könnte der Mandant mitmachen.
Richter: Auf Wiedersehen!
Ergebnis: Bestreiten, sechs Sitzungstage, sechs Jahre , Revision (Ausgang offen) oder Freispruch, Revision (Ausgang offen)

Alles wie vorstehendes Gespräch.
Richter: Na gut...
Ergebnis: Geständnis, ein Sitzungstag , zwei Jahre unter Strafaussetzung.
Revision Staatsanwaltschaft – *hoffentlich*!

Fazit: Die richterliche Sphinx (Gespräch 2) erreicht risikobehaftete Strafe nach langer Arbeitszeit. Dem Richter mit Rückgrat (Gespräch 3) geht's nicht besser. In beiden Konstellationen freilich auch dem Angeklagten nicht. Dem richterlich dealenden Faulpelz (Gespräch 4) droht Unheil nur bei stringenter Staatsanwaltschaft. Dem offenen Richter (Gespräch 1) droht nichts als die Missbilligung aller „Qualitätsbewussten". Damit lässt sich leben.

Wertlos sind Absprachen, die von unzuverlässigen Partnern getroffen werden. Ein Moment, das mir stets ein wenig Unwohlsein bei Angeklagten verursachte, die sich von Anwälten verteidigen ließen, mit denen man nicht spricht. Leicht konnte ihnen Unrecht geschehen. Indes der Gedanke half sich zu erinnern: Auch das veritable anwaltliche

Schmuddelkind ist kein Strafschärfungsgrund. – Immer die Anwälte... Was, wenn's dem Richter an Verlässlichkeit gebricht? Gibt's denn das?

Ein Vorsitzender sagt dem Verteidiger vier Jahre zu für eine Beihilfe zum Rauschgifthandel, plädiert dann aber in der Beratung auf sieben Jahre wegen täterschaftlicher Begehung. Der *BGH* hebt auf trotz kaum zulässig verfasster Revision. Vorab liest der zweitinstanzliche Richter den Namen unter dem angefochtenen Urteil...

Ein stellvertretender Vorsitzender rät dem Berufungsführer drängend zur Rücknahme; der folgt. Auf die Frage des aus dem Urlaub zurückgekehrten Vorsitzenden, was er getan hätte, wäre nicht zurückgenommen worden, erklärt er: „Dann hätten wir freigesprochen."

(Nach Presseberichten referiert:) Der Fall des „Karlsruher Rasers" in der Berufungsinstanz. Bei Geständnis Strafaussetzung, sagt der Richter – gut vertretbar – zu. Der Raser gesteht jedoch nicht. Und erhält Strafaussetzung.

Abgesehen von dem vielleicht überzogenen ethischen Grundsatz, dass Ehrlichkeit gerade Richtern recht gut steht, ermesse man pragmatisch den Eigenschaden solcher Arbeitsweisen. Kein Anwalt kauft derartigen Richtern mehr einen Gebrauchtwagen ab, geschweige denn prozessuale Zusagen. Sie dürfen künftig beschwerlichere Wege zum „Ziel" begehen.

6. Passt der Deckel auf den Topf: „Personalpolitik"

Wer – wie ich – aus jahrelanger amtsrichterlicher Tätigkeit in den Vorsitz einer großen Strafkammer wechselt, mag zunächst Befürchtungen hegen, den Anforderungen an die Verhandlungsführung nur unvollkommen gewachsen zu sein. Mehr oder weniger diffuse, teils auch recht konkrete Sorgen gelten dem Umgang mit Beisitzern, die im Zweifel meinen könnten, weit eher in die Mitte zu gehören als der Neue aus dem „Untergericht"; sie gelten dem Verhältnis zu Verteidigern, die weit unwilliger sich den Vorstellungen und Wünschen des Vorsitzenden anzupassen geneigt sein könnten, stehen ihnen doch nicht mehr zwei, sondern nur noch eine – zudem recht risikobehaftete – Rechtsmittelinstanz zur Verfügung. Sie gelten dem regelmäßig gewaltig gesteigerten Umfang der Prozessakten; sie gelten der korrekten Anwendung prozessualer Vorschriften, die in der amtsrichterlichen Praxis – wird diese beherrscht und nicht in bundesrichterlicher Akribie mit dem Ergebnis der Abteilungsvernichtung betrieben – jahrelang ein eher verdrängtes Schattendasein fristeten. Entsprechend stottert der Motor einige Monate. Solange bis der Vorsitzende erkennt – und verinnerlicht hat –, dass Vorsitzen stets nichts als Vorsitzen bedeutet, die Menschen, denen man vorsitzt, überwiegend recht normal sind, 100 Betrugshandlungen kaum unübersichtlicher, lediglich zeitaufwändiger aufzuklären sind als deren zehn, ein Mord dafür regelmäßig leichter als eine Unterhaltspflichtverletzung unter kammergerichtlichen Vorgaben[7] und die ihm täglich neu begegnenden Vorschriften der StPO zu mehr als 95 Prozent genau das beinhalten, was der dem *fair-trial*-Begriff verhaftete Richter, wenn schon nicht gewusst, so doch dringend vermutet hatte: Der gute Mensch in seinem dunklen Drange ist sich des rechten Weges wohl bewusst.[8] Und Mephistos Antwort betrifft stets nur die anderen.

Ist dieses Stadium erreicht, vermag der Vorsitzende eine Kammer unter „Qualitätsmanagement" zu zwingen, will heißen – siehe oben! – den Weg zum Ziel zu machen: Beisitzer hierarchiebewusst abhängig halten, den Verteidiger als natürlichen Feind betrachten, Umfangsverfahren bis ins letz-

---

[7] Vgl. *KG* (4) 1 Ss 124/92 (49/92).

[8] *Goethe*, Faust, Der Tragödie 1. Teil; Prolog im Himmel.

te Detail aufzuklären versuchen, auch dem 97. albernen Beweisantrag nachgeben, unübersichtlichen Rechtsvorschriften um des Himmels willen den Boden nicht durch Sachverhaltsstraffung entziehen. Und – ganz wichtig – im Gerichtssaal eine kühle Atmosphäre schaffen; denn je distanzierter man einander dort begegnet, desto ferner rückt das verteufelte Ziel einer Verfahrensbeendigung.

Bloßem Management geht solche Attraktivität ab.

Ein letztes Mal sei erinnert, was unter dieser Prämisse einzig zählt im Strafverfahren: Zweifelsfreie Schuldfeststellung und Angemessenheit der Strafe. Alle Schritte des Vorsitzenden haben sich mithin hieran auszurichten. Wie zügig er dies Ziel erreicht, hängt zunächst einmal davon ab, welchen Umgangsstil er zu allen Beteiligten pflegt.

Beisitzer sind Richter mit unterschiedlichen Begabungen. Aber sie sind Richter mit allen Rechten und Pflichten; der Vorsitzende ist primus inter *pares*, nicht *primus* inter pares. Keine Kammer arbeitet effizient, fehlt es unter ihren Mitgliedern am Grundkonsens. Naturgemäß wird es trotz eines solchen nicht immer Übereinstimmung zur Schuldfrage geben – das Gewissen entzieht sich der Normierung. Unabdingbar aber ist fundamentaler Konsens in Strafzumessungsfragen! Papa Gnädig und Richter Gnadenlos werden sich unvermeidlich immer wieder irgendwo in Justizkreisen tummeln; vereint in einer Kammer aber bilden sie ein Krebsgeschwür programmierter Ineffizienz. Nichts anderes gilt für die Kombination von „qualitäts"-bewusstem Bedenkenträger und Assessor Durchhauer. Sind dergleichen Extremisten schon nicht gänzlich aus der Strafjustiz herauszuhalten, ist – und durch wen als den Vorsitzenden? – dafür zu sorgen, dass sie eine – *seine* – Kammer nicht belasten oder gar, wenn zu zweit, verderben. Will heißen: Was der Vorsitzende an Mitarbeitern bei Ernennung vorfindet, beruht auf Zufall. Wie seine Kammer zwei bis fünf Jahre später besetzt ist, verantwortet er (zumindest: mit) durch eigene „Personalpolitik“. Potentielle Beisitzer der Zukunft durch persönliche Vorgespräche zu rekrutieren, mit denen man im skizzierten Sinne auf einer „Wellenlänge“ harmoniert, im Präsidium Fürsprache für die eigenen Besetzungspläne zu aktivieren, die Präsidialverwaltung, wenn nötig, beständig zu nerven – Verwaltungen mögen dies naheliegender Weise nicht, neigen deshalb zum Abschieben beisitzerischer „Wanderpokale“ an stille Vorsitzende, weil ihnen das Arbeit spart –, führt regelmäßig schon recht kurzfristig zu gedeihlicher Personalausstattung der Kammer. Jedenfalls, wenn man zu bieten hat, was den „Qualitätsbewussten“ schwerer fällt – gelegentlich auch mal ein Verfahren abzuschließen.

Einige Beispiele (auch hier: statt vieler):

Abwerben eines als höchst veranlagt geltenden jungen Proberichters beim Amtsgericht, dem Präsidenten des Landgerichts wahrheitsgemäß mit den Worten „verkauft“: „Der kommt nur zu uns, wenn er zu mir kommt.“ Er kam.

Der Präsident bietet dem Vorsitzenden eine neu zu eröffnende Schwurgerichtskammer an, in deren Zuständigkeit absehbar ein höchst kompliziertes Verfahren aus dem Bereich der DDR-Regierungskriminalität fallen wird. Der Vorsitzende bedingt sich die „Mitnahme“ seines Vertreters aus – aus persönlicher Loyalität wie aus der Erkenntnis, durch die fachliche Kompetenz dieses Mannes den eigenen Arbeitseinsatz nahezu halbieren zu können. Der Präsident lehnt ab. Der Vorsitzende auch. – Drei Wochen später steht die neue Kammer. Wie sie stehen muss.

Gemeinsame Arbeit im Präsidium führt zu gegenseitigem Kennenlernen. Und schnellem Füllen einer Vakanz. Welches Präsidium entscheidet schon gegen den Willen zweier seiner Mitglieder, die es – dienstlich – zueinander zieht?

Ein seriöser Anwalt empfiehlt einen seiner früheren Referendare, jetzt wechselwilligen jungen Zivilrichter („Wenn Sie mal jemanden richtig Gutes brauchen…"). Gegenseitiges Beschnuppern wird vereinbart, obgleich ein Wechsel vorläufig kaum ins Haus steht. Knappe zwei Jahre später (schon…) verstärkt er die Strafjustiz. Bei mir.

Dergleichen Aktivitäten können zeitaufwändig, gelegentlich nervig werden; sind fast nie kurzfristig zu „managen". Aber jede insoweit erfolgreich investierte Stunde amortisiert sich, weil Wochen, wenn nicht Monate weit zeitaufwändigerer, weit nervenderer Auseinandersetzungen mit Menschen erspart bleiben, denen meine Arbeitsweisen, meine Vorlieben, meine Phobien, meine Weltanschauung, meine Macken, mein Prozessführungsstil, meine Strafvorstellungen wesensfremd, unangenehm, suspekt, gar inakzeptabel sind. Was immer dabei „mein" bedeutet, ist belanglos. Zwei grässliche Typen können eine gute Ehe führen; der Deckel muss nur auf den Topf passen. Nichts anderes gilt für die Verbindung dreier Kammermitglieder. Und der Einsatz des Vorsitzenden verlohnt selbst dann noch, wenn er die Beisitzer – ihren individuellen Talenten angepasst – aus der gedeihlichen Zusammenarbeit hinaus (be-)fördert, also ständig aufs Neue personalpolitische Initiativen zu ergreifen genötigt ist. Dank gehört sich. Und der nächste Kandidat sieht mit Wohlwollen, dass in dieser Kammer nur *Auf*stieg zum *Aus*stieg führt. Und ist voller Hoffnung. Nur einmal musste sie enttäuscht werden.

In vielerlei Hinsicht fruchtbar ist eine solche Politik. Zunächst einmal – zurück zum unmittelbaren Themenkreis – aber setzt sie den Vorsitzenden instand, souverän und entspannt die Verhandlung zu leiten. Er weiß sich von der Loyalität zweier Fachleute getragen. Er ist „zu dritt", oder doch wenigstens „zu zweit".

II. Der lange Marsch: Die Hauptverhandlung

1. Nur Beelzebub vertreibt den Teufel: Der Verteidiger

§ 238 StPO. Ein langer Marsch! Ein langer Marsch?

Ärgerliche Verzögerungen der Hauptverhandlung sind einzig und allein anwaltlicher Obstruktion geschuldet. Eine gesicherte Erkenntnis, die sich auch nicht durch die Untersuchung etlicher „Langzeitverfahren" durch Bundesanwälte[9] erschüttern lässt, wonach zögerlicher Verfahrensleitung ähnliches bis gleiches Gewicht zukomme. Denn diese Untersuchung verkennt – dabei in guter Gesellschaft mit allen Kollegen, die auch über den besten Weg der Legalität das Ziel nicht ganz aus den Augen verlieren – das Wesen des „Qualitätsmanagements": „Wir" sind nie schuldig.

Aber wenigstens mal Verursacher? Denn ein Moment richterlichen Verzögerungspotentials ist naturgegeben, hat unmittelbar mit „qualitäts"-beladenem Management wenig zu tun. Realitätsverluste in der Selbsteinschätzung.

Ein frisch ernannter Vorsitzender verdankte diese Ernennung seinem tapferen Satz, er sehe sich eher als „Tatrichter" denn in einem OLG-Senat. Weil er allerdings schon zu schüchtern – keineswegs zu unhöflich! – war, Kollegen in der Kantine zu grüßen, erwies sich seine neue Position schon recht bald als wenig maßgeschneidert.

Ein anderer, stets von Krankheiten geplagt, deren Auftreten er gelegentlich gar aufs Datum vorherzusehen vermochte und die häufig mit dem Beginn komplizierterer Verhandlungen korrespondierten, fühlte sich zur Leitung einer Schwurgerichtskammer berufen. Hier einmal bewies die Personalführung Einfühlung – sie berief ihn nicht. Dabei wäre er doch – bei weniger Verhandlungen – seltener erkrankt.

---

9 NStZ 1998, 377 ff.

Wie dem auch sei – schiefe Selbsteinschätzung erkennen immer nur die anderen. Wär' ja auch sonst keine schiefe Selbsteinschätzung. Und so vermehrten beide skizzierten Kollegen sehr bald die Fraktion der „Qualitätsbewussten". Wer erinnert sich noch an das Peter-Prinzip?

> Ein vom Jugendrichter zum Jugendkammervorsitzenden aufgestiegener Kollege lauscht geduldig bis in den tiefen Nachmittag hinein sechs Belastungszeugen – „... die sind doch nun mal hier..." –, obgleich der Angeklagte ein ebenso überraschendes wie glaubhaftes Geständnis abgelegt und kein Beteiligter irgendwelches Interesse an irgendwelchen „Vertiefungen" bekundet hat. „Den mussten wir befördern – der hat schon bei uns die Arbeit nicht geschafft", kommentiert dies ein pragmatischer Amtsgerichtspräsident, damit unter Beweis stellend, dass er „Qualität" erkennt, wo sie sich zeigt. Aber gleichermaßen auch den einzig verlässlichen Weg, sich ihrer zu entledigen.

Immerhin bleibt unbestreitbar, dass manche Verteidiger die Hauptverhandlung zu sehr lieben, als dass sie deren einigermaßen zügiges Ende in guter Haltung zu ertragen vermöchten. Betonung freilich liegt auf „manche". Die weitaus meisten erfüllen ihre gesetzlich umschriebene Pflicht, den Interessen ihrer Mandanten in legalem Rahmen zu dienen – gelegentlich sogar mit nicht gesondert honoriertem Engagement. Sich diese – vergleichsweise schweigende – Mehrheit zum Feind zu machen, weil man voreilig von zwei schwarzen auf 98 weiße Schafe schließt, stellt einen ersten Kardinalfehler allzu „qualitäts"-bewusster oder auch nur verunsicherter Vorsitzenden dar: Verärgere auch die Gutwilligen unter der Anwaltschaft, und lange beschwerliche Wege sind dir garantiert.

Viel eher bietet sich an, durch anwaltliche Anträge verursachte „Verzögerungen" prima facie als Ausfluss elementar unterschiedlicher Aufgabenstellungen von Gericht und Verteidigung zu begreifen. Das Gericht hat die „Wahrheit" zu erforschen, ein Ziel, dessen Erfüllung den Anwalt regelmäßig mit Schrecken erfüllen muss, hat er doch das bestmögliche, seinen Mandanten geringst beschwerende Ergebnis anzustreben. Der Umgang mit „normaler" Verteidigungsarbeit sollte mithin nicht als Belastung verstanden werden. Dem Antrag, der die Kammer auf etwas aufmerksam macht, was sie nicht erkennen konnte, gar, was sie übersehen hatte, gebührt *dankbares* Stattgeben. Dem Antrag, einen unschwer vorführbaren Zellengenossen des Angeklagten anzuhören, mag entsprochen werden, auch wenn er de lege artis ablehnbar gewesen wäre. Zum einen mag sich der Tatrichter subtilere Gesetzeskunst zutrauen, als der *BGH* ihm zu bescheinigen bereit ist. Zum anderen: Was bedeutet eine zusätzliche Stunde in einer Kammersitzung? Stets Zeit zu haben oder dies doch überzeugend vorgeben zu können, *spart* Zeit (was einen besonders scharfsinnigen Verteidiger dazu veranlasste, den Vorsitzenden, der auf seine zahlreichen freien Sitzungstage hingewiesen hatte, wegen „Erpressung" seines Mandanten abzulehnen). Und wenn die Anträge im Rahmen des § 244 StPO unzulässig oder unbegründet sind (sein könnten...?), erfreut die Abfassung ablehnender Beschlüsse als forensisches Gefecht; zunächst gegen die Verteidigung, absehbar gegen die Revision. Warum hat man das Recht studiert, wenn man dergleichen hasst?

Nun sind freilich etliche anwaltliche Schritte derart albern, dass solche Freuden eher verfliegen. Ehe diese in Ärger, gar – den klaren Blick verstellende – Wut umschlagen, verlohnt wieder einmal die Frage nach den Ursachen: Eine, sagen wir, Schwurgerichtskammer ist mit drei strafprozessualen Experten besetzt (na ja, hoffen wir's); der Verteidiger – nur wenige Anwälte leben vom Strafrecht – muss daneben Rechtsfelder beackern, die der Strafrichter seit Jahren, vielfach Jahrzehnten, dabei höchst erfolgreich, vergessen durfte. Ein wenig Nachsicht, auch Toleranz genannt, fördert forensische Kooperation. Gleiches gilt bei Anwälten, deren intellektuelle Kapazitäten bei allem guten Willen ihren Aufgaben nicht recht entsprechen mögen. Jeder Richter weiß um Kollegen, mit denen er aus eben diesem Grunde eher ungern zusammen arbeiten würde. Dabei stellen Richter schon – ich weiß um die Theorielastigkeit dieses Arguments – eine elitäre Auslese unter den Staatsexaminierten dar. Anwalt werden zwar manche, meinetwegen auch viele brillante Juristen, weil sie in eben dieser Position berufliche (und finanzielle) Erfüllung zu finden hoffen, daneben aber alle diejenigen, denen jeder andere juristische Beruf verschlossen ist. Was vergibt sich eine Kammer, wenn sie Toleranz auch dort übt, wo Ignoranz nicht von Unverschämtheit begleitet wird?

> Ein Anwalt bezweifelte in den 80er Jahren des 20. Jahrhunderts die Zuverlässigkeit der Fingerabdruckerkennung und erbat Verfahrensunterbrechung mit dem Ziel, sich sachkundig machen zu können. Die Kammer gab statt und vermittelte ihn an den (als Zeugen ohnehin anwesenden) Kripo-Experten. Am Folgetag fand der Prozess ein einverständliches Ende.

Spielt der Verteidiger auf der Klaviatur der körperlichen oder seelischen Gebrechen seines Mandanten, empfiehlt sich Differenzierung. Kann der (inhaftierte) Angeklagte nicht sitzen und nicht stehen, verbietet keine Vorschrift, ihn auf der Trage seine Verhandlung erleben zu lassen. Klagt er gegen 10 Uhr über penetrante Kopfschmerzen, die ihm die notwendige Konzentration raubten, wird man ihn untersuchen lassen. Stellt er denselben Antrag um 17.30 Uhr und ergibt die dreiviertelstündige Untersuchung, dass er „teilsimuliert“ und durchaus noch eine knappe Stunde verhandlungsfähig sei – der Fall ist nicht erfunden –, deutet alles auf einen dem „Qualitätsmanagement“ verhafteten Vorsitzenden, der zudem nur unvollkommene Imagepflege betreibt. Er reitet nichts als Prinzipien, wo er „energisch“ zu entscheiden scheint. Und vergisst dabei: Gib kein Jota nach, wo's wichtig ist. Lass im Übrigen jedermann seinen Willen. Und du wirst geschätzt werden als tolerant, liberal, fair. Schön so.

Ein Plädoyer für Laissez-faire-Vorsitzende, gar ein Schwenk zum „Qualitätsmanagement"? Weit gefehlt. Nicht mehr als ein Plädoyer dafür, gerichtliche Waffen auf die wenigen Gegner zu konzentrieren, die forensisches Feuer auch redlich verdienen. Diejenigen nämlich, die die Justiz *lähmen wollen*.

Zu diesen gehört nicht einmal der Verteidiger, der einen Richter, eine Kammer, einen neuen Vorsitzenden nervtötend „antestet". Lässt sich das Gericht verwirren, gar erpressen, hat der Verteidiger per „Konfliktverteidigung" das Optimum für seinen Mandanten erstritten, mithin nichts getan, als seine primäre Pflicht zu erfüllen. Woraus die Notwendigkeit folgt, sich als Richter bereits in frühen Jahren und in jeder neuen Position den Ruf absoluter Verlässlichkeit und Nichterpressbarkeit zu verschaffen und diese Reputation durchgängig zu erhalten. Der Proberichter, der eine OWi-Sache einstellt, weil ihn der Verteidiger mit 17 Zeugen bedroht, wird das Renommé des Weicheis bis in seine Jahre als Kammervorsitzender nicht mehr los. Zu den „Feinden" der Justiz gehört auch der Verteidiger nicht, der in der Hitze forensischer „Schlacht" ausrastet, den Vorsitzenden „faschistischer Verhandlungsführung" zeiht, am nächsten Tag aber schriftlich um Verzeihung bittet, gar einen Versöhnungskaffee anbietet. Denn jeder darf etwas falsch machen (und tut's auch irgendwann). Nur falsch sein darf man nicht.

Und das sind keine zwei Prozent der Anwaltschaft. Aber es sind *die* zwei Prozent, an denen „Management" auszuprobieren verlangt, wie scharf die Waffen des Gerichts sind. Man wünschte sie sich gelegentlich schärfer. Gesetzesänderungen in zurückliegenden Jahrzehnten aber haben sie ein wenig geschärft (z. B. §§ 229, 244 Abs. 5 StPO); die Rechtsprechung, insbesondere die des 5. Senats, hat ein Übriges bewirkt. Und Geschick in der Anwendung maßvoll scharfer

Waffen schützt den Rechtsstaat verlässlicher als scharfe Waffen in ungeschlachten Händen. Denn – s. o. – auch nicht jeder Richter führt Justizias Schwert mit professioneller Eleganz und Effizienz. Was also „geht" bei Verteidigern, bei denen eigentlich nichts mehr geht?

Konfliktverteidigung aus *Prinzip* bedient sich vielfältiger Methoden, im Wesentlichen wohl – und soweit selbst erlebt – der folgenden:

- Sinnloses Gebrülle;
- Provokation der Richter, vornehmlich des Vorsitzenden, bei jeder Gelegenheit (weniger des Staatsanwalts, was schon Lösungen andeutet);
- Einschüchterung der Belastungszeugen;
- filbusterhafte Befragungen;
- beständige Unterbrechungen zum Zwecke der Abgabe (sinnloser) Erklärungen;
- zahllose Anträge, vornehmlich auf Beweiserhebungen;
- Ablehnung der Richter, zumindest des Vorsitzenden.

Alles Derartige still zu erdulden, allem nachzugeben, verzögert das Verfahren ersichtlich bis zum Sankt-Nimmerleins-Tag. Doch schon, wie die dienstlichen Tage bis zu diesem späten Datum verbracht werden, unterscheidet selbst gleichermaßen „freundlich" reagierende Gerichte: Eines füllt mit dem notwendig sinnfreien Prozessstoff die angestammten Sitzungstage, gerät mit dem Alltagspensum hoffnungslos in Rückstand und bedarf baldigst der Entlastung. Das andere setzt die unnötigen Fortsetzungen auf den Nachmittag eines dritten Verhandlungstages, erledigt den Rest wie stets an den beiden anderen, arbeitet freilich drei bis vier Wochenstunden mehr. Auch Weicheier unterscheiden sich. Manche sind weicher als andere.

Wer das Ziel – Urteilsfindung genannt, so sei erinnert – noch vor Augen hat, möchte eher anderes versuchen.

Einem höchst prominenten Anwalt, der für cholerische – natürlich kühl geplante – Ausfälle gerichtsbekannt war, teilte ich vorab mit, bei unangepasster Lautstärke seinerseits werde die Kammer für eine Stunde unterbrechen und sich bei Kaffee für die Fortsetzung stärken. Der Mann hatte eine gutgehende Praxis, der allzu ausgedehnte Abwesenheit des Chefs nicht angestanden hätte. Alle Beteiligten genossen eine ungestört ruhige Prozessatmosphäre.

Ist der Anwalt beratungsresistent und/oder in seiner Kanzlei eher entbehrlich, also frei, sich wie die Axt im Walde aufzuführen, mag Altmodisches überraschende Wirkung zeitigen: Man protokolliere sein Verhalten – oh nein, nicht in spontanem offenem Diktat! Nichts als Gebrüll und Affentanz um jedes Wort wäre die Folge. Stilles Mitschreiben, spätere Gesamtformulierung und prompte Übersendung dieses Protokollteils an die Anwaltskammer (Achtung Dienstweg! Über den eigenen Präsidenten!) dagegen verursacht Ärger dort, wo er hingehört. Beim Anwalt! Natürlich veranlasst die Anwaltskammer nichts. Der Anwalt ist sakrosankt, bis er sich an Mandantengeldern vergreift. Aber eine Bürokratie ist – mit verhältnismäßig geringem eigenem Aufwand – in Gang gesetzt, und Bürokratie kreiert Arbeit. Für den Betroffenen. Und der ist nicht der Richter.

Mein Rat an Kollegen: Beantworten Sie jede auch noch so beiläufige Provokation mit adäquater Schärfe; wenn angebracht (weil dem Provokateur hinreichende Intelligenz zum Verständnis unterstellt werden darf) mit Ironie und Sarkasmus. Ein Flegel, ein dümmlicher zumal, liest vornehme richterliche Zurückhaltung als Feigheit und Schwäche seines Gegenübers und bläst sich zunehmend auf. Ein besonders prominentes Exemplar dieses Anwaltstyps pflegte, erhielt er auf seine Unverschämtheiten passende Antworten, die Richter zunächst einmal pädagogisch auf ihre Pflicht zur Mäßigung hinzuweisen... Nur das nicht! Soweit nicht mit

Kanonen auf Spatzen, sondern mit dem Gewehr auf Tiger geschossen wird, besteht angesichts ausgewogener höchstrichterlicher Rechtsprechung keinerlei Gefahr, erfolgreich abgelehnt zu werden. Der vielberufenen gerichtlichen Würde ist weniges so abträglich, wie sich zum Fußabtreter anwaltlicher Außenseiter machen zu lassen. Das unbestreitbare Faktum, dass Staatsanwälte seltener anwaltlichen Pöbeleien ausgesetzt sind als Richter, beweist das Gesagte: Sie schlagen zurück! Weil sich die Mär hartnäckig hält, dass Richter ungleich leichter abzulehnen seien als sie.

Zeugenprovokationen, welcher Art auch immer, hat der Vorsitzende mit gleicher Schärfe zu unterbinden. Zwei Konstellationen sind geeignet, seine Aufgaben insoweit zu erleichtern. Vor Jahren wurde das Opferschutzgesetz erlassen, dessen Studium zu dem – bei modernen Gesetzen wenig erstaunlichen – Ergebnis führt, dass es dem Vorsitzendem nur minimale zusätzliche Möglichkeiten bietet, ausfälligen Verteidigern die Grenzen aufzuzeigen. Indes: Kaum gab es das Gesetz nebst begleitendem Presse-Bohai, nahmen anwaltliche Einschüchterungsversuche und jahrzehntelang geprobte Pöbeleien gegenüber Vergewaltigungsopfern signifikant ab. Sage noch jemand, Gesetze vermittelten keine Werte. Und forensische Sternstunden stehen ins Haus, wenn der Zeuge – zumeist, doch nicht notwendig, Polizeibeamter – die Statur hat, selbst anwaltlichen Angriffen erfolgreich zu begegnen. Wie er auch antwortet – abgelehnt werden kann er nicht. Und den Verteidiger den Vorsitzenden hilfesuchend um Ordnungsstrafen bitten zu hören, entschädigt für manch voraufgegangene Unbill. Verhängt er die Ordnungsstrafe nicht, selbst wenn's vertretbar gewesen wäre – und natürlich tut er's nicht! – verbessert das die Chancen der Revision um nichts. –

In unverhohlen akademisch-arrogantem Stil versuchte sich ein Anwalt eines Tages an einem jungen Hauptkommissar. „Hätten Sie, Herr Rechtsanwalt", konterte der,

„Band 15, Blatt 283 gelesen, hätten Sie Ihre Frage nicht gestellt.“ Was immer dort gestanden haben mochte – die Befragung war beendet.

Hochgradig lästig und schwer zu konterkarieren sind Filibustereien jedweder Art, vornehmlich schlicht sinnfreie und/oder wiederholte Fragen. Natürlich hält die StPO das Gegenmittel vor: Ablehnung als unzulässig (§ 241 Abs. 2 StPO). Kein stumpferes Schwert indes ist denkbar, und selbst der unbedarfteste Anwalt weiß das. Der Vorsitzende weist die Frage zurück, der Anwalt begehrt Gerichtsbeschluss, die Kammer zieht sich zurück, formuliert – wenn er Glück hat – im Sinne des Vorsitzenden, setzt die Verhandlung fort, verkündet den Beschluss, und der Anwalt setzt mit der nächsten schmerzhaft dämlichen Frage fort... Hinzu tritt das, wenngleich meist geringe, Risiko, dass die Revisionsinstanz die anwaltliche Befragung als nicht völlig abwegig gesundbetet und ihrer Zurückweisung urteilsrelevante Wirkung nicht sicher abzusprechen vermag. Nach solchem Erlebnis streicht der Richter § 241 Abs. 2 StPO ein für allemal aus seinem Repertoire. Doch was statt seiner?

Der Vorsitzende kann eine sinnlose Frage ironisieren und deren Albernheit so lange mit dem Anwalt diskutieren, bis der sie vergessen hat oder einer wie immer ausfallenden Antwort jede Wirkung genommen ist. Man übersehe ein m. E. zu wenig beachtetes Phänomen nicht: Anwälte sind auch – *nur* – Menschen. Ständige Unterbrechungen, Spötteleien, Diskurse bringen sie nicht weniger aus dem Fahrwasser, als ihre Mätzchen die Richter zur Weißglut treiben können. – Wiederholungsfragen begegnet der Vorsitzende am wirkungsvollsten, indem er die voraufgegangene Antwort des Zeugen seinerseits wiederholt. Der Versuch des Verteidigers, mit drei identischen Fragen beim schlicht gestrickten Zeugen drei divergierende Antworten zu provozieren und ihn damit unglaubwürdig erscheinen zu lassen, ist gescheitert. Freilich kostet diese Methode den Vorsitzenden einige Kraft, muss er doch selbst größten Flachsinn zuvor aufmerksam verfolgt haben, um nicht Gefahr zu laufen, dass er, für den Zeugen antwortend, von diesem korrigiert wird. Der Einsatz allerdings lohnt sich regelmäßig, und zum Ausspannen bleibt – bei Anwälten des hier skizzierten Genres – die gesamte Zeit ihrer Prozesserklärungen und Plädoyers; also wirklich lang genug.

In diesen Zusammenhang gehört beständige Verteidigerkritik an den Frageformulierungen anderer Prozessbeteiligter, vornehmlich an denen des Vorsitzenden. Das Ziel ist deutlich: Wer seine Fragen ständig variieren muss, um des Anwalts Placet zu verdienen, ist irgendwann derart entnervt, dass er überhaupt nichts mehr fragt. Mit bloßem anglo-amerikanischen „Abgelehnt" oder „Stattgegeben" lässt sich unter StPO-Regeln nichts gewinnen. Der Kunst des Verhandlungsleiters bleibt überlassen, die beanstandete Frage umzuformulieren, ohne ihren Inhalt im Geringsten zu verändern, dies indes so behutsam und subtil zu tun, dass der Verteidiger sich als Sieger fühlt. Fühlen schadet ja nicht. Dies gilt im Übrigen gleichermaßen, wurden eigene Fragen benörgelt.

Nervt ein Anwalt unzuträglich mit seinen Rechten aus § 257 Abs. 2 StPO, sollten Richter einen Paragraphen weiter lesen.

Der gute Strafrichter braucht kein Filigranjurist zu sein; alles lässt sich zu rechter Zeit nachlesen. *Eine* Vorschrift indes sollte (wenigstens) der Kammervorsitzende beherrschen: § 244 StPO. Denn mit nichts lässt sich ein Prozess nachhaltiger verschleppen als mit Beweisanträgen. Extremen, vor allem zahlenmäßigen Unsinnigkeiten, ist mit hilfreicher höchstrichterlicher Rechtsprechung[10] zu begegnen. Im Übrigen gilt: Anders als bei prinzipiell gutwilligen Verteidigern ist bei den wenigen professionellen Strafvereitlern nachgiebiges Stattgeben kontraproduktiv. Soweit von § 244 StPO

[10] BGHSt 38, 111; *BGH* NStZ 2005, 648.

gedeckt, wird abgelehnt – im Interesse des Rechts und im eigenen.

Im zeit- und nervenraubendsten Prozess meiner richterlichen Tätigkeit – weitgehend selbstverschuldet durch sträfliche Naivität gegenüber den zunächst seriös auftretenden Anwälten, die sich später als skrupellose Mafia-Helfer entlarvten – fuhren wir gut mit ausgefeilter Bosheit: Die Entscheidungen über Anträge wurden über Wochen, teils über Monate zurückgestellt, sodann – natürlich sorgfältigst vorbereitet – derart mit zahllosen Verweisen gespickt, dass kein Beschluss mehr aus sich heraus verständlich blieb. Der fitten Verteidigertruppe hätte nicht einmal genützt, hätten sich in diesen Beschlüssen sachliche Fehler versteckt – sie brachte unter einer Vielzahl formeller Revisionsrügen nicht eine zulässige zustande. Kein Wunder.

Und wer sich noch von der Oma im libanesischen Flüchtlingslager beeindrucken lässt, die das Alibi des Angeklagten nach 17 Sitzungstagen und vier Jahre nach Tatbegehung zu bekunden wisse, der sollte üben, Absatz 5 des § 244 StPO an dessen Absatz 2 zu messen und nicht – wie von filigranentrückten Intellektuellen putziger Weise auch vertreten wurde – an Absatz 3.

Weiteres beliebtes Verzögerungspotential bilden Aktenanforderungen. Möglichst voluminösen Umfangs. Lässt sich die Kammer darauf ein, in ein fremdes Verfahren einzutauchen, wird ihr das eigene zunehmend entgleiten – die Verteidigung geht zumindest in Führung. Dergleichen Anträge sind allerdings nicht immer lege artis problemlos abzulehnen. Doch warum auch sollte man das tun? Stattgeben – warum nicht? Denn Inhalt des Antrages ist die *Anforderung* der Akten, nicht ihr *Studium*. Stellen Sie dem Antragsteller die sechs Kisten in der Geschäftsstelle zur Einsicht zur Verfügung! Ich habe nie erlebt, dass er darauf zurückkommt.

Und sollte er doch einmal, muss er die Blattzahl zitieren, die vermeintlich Relevantes enthält. Das könnt' man dann ja mal nachlesen...

Ablehnungen sind Verzögerungswaffen für Anwälte. Wirklich? Liegt ihre Unzulässigkeit nicht vielmehr schon deshalb nahe, weil ein auch nur einigermaßen kompetenter Strafrichter kaum jemals gegenüber dem Angeklagten, allenfalls gegenüber dem Verteidiger befangen ist? Die in letzterem Falle nachzuweisende oder immerhin nicht auszuschließende Fernwirkung auf den Angeklagten begegnet in einer Vielzahl derartiger Fälle beträchtlichen Zweifeln: Öfter als nicht nämlich sind Amtsrichter oder Kammern hier in der Rolle des Angeklagten-Beschützers gegen allzu deftigen anwaltlichen Unfug und können dies gut akten-, d.h. protokollkundig machen – sei es durch dienstliche Stellungnahmen, sei es durch auf Unzulässigkeit gegründete Selbst-"Anlehnungen".

Zur Verzögerung immerhin trägt der Ablehnungsantrag bei. Fraglich bleibt allerdings das Ausmaß dieser Verzögerung. Die „alte" *BGH*-Rechtsprechung, wonach eine – naturgemäß kräftig ressourcensparende – Entscheidung der angegriffenen Richter gemäß § 26a Abs. 1 Nr. 2 StPO auch bei fehlerhafter Begründung revisionsrechtlich unschädlich blieb, ließ der Beschluss die Revisionsinstanz nur hinreichend deutlich erkennen, dass die Ablehnung allemal unbegründet war, ist in dieser Unbedingtheit vom *BVerfG* verworfen worden[11]. Wer den einigermaßen stereotypen Ablauf des Verfahrens nach § 27 StPO kennt, ist geneigt, die Verfassung nicht ganz so hoch zu hängen: Nach allem aufwändigen Hick-Hack um dienstliche Stellungnahmen, Fristeinräumungen, weiteren anwaltlichen Erklärungen, ggf. erneuten richterlichen Stellungnahmen u.s.w., u.s.w. entscheiden die

---

[11] *BVerfG* (Kammer) NJW 2005, 3410; StraFo 2006, 232; dem folgend BGHSt 50, 216; *BGH* NStZ 2006, 50; vgl. aber auch etwa *BGH*, Urt. v. 29. 6. 2006 – 5 StR 485/05.

direkten oder nicht ganz so direkten Kollegen des oder der Abgelehnten in 999 von 1000 Fällen, dass es an vernünftigen Gründen mangele zu vermuten, irgendjemand wolle dem Angeklagten unwohl oder benehme sich auch nur so, als wolle er. Diese 999 Beschlüsse nun können so dürftig begründet sein wie möglich – und sind es zumeist auch –; denn wenn die Revisionsinstanz letztendlich meint, dass wenigstens das Ergebnis zutreffe, bringt alles Palaver dem Revidenten nichts. Andernfalls war's das für's Urteil. Voll und ganz identisch freilich entschied sich das Schicksal des angefochtenen Urteils (und damit das des Angeklagten) unter den Prämissen der früheren oben skizzierten *BGH*-Rechtsprechung. Nur dass die Verhandlung ein gutes Stück zügiger voran- und dem Anwalt alberne Ablehnungen ausgetrieben wurden. Ein wenig heiße Verfassungsluft aber wärmt.

Und schon kühlt der *BGH,*[12] den Bedingungen erstinstanzlicher Verhandlungen unter befremdlichen Verteidigungsstrategien ersichtlich aufgeschlossener als das „höchste" deutsche Gericht, alle freudig (oder verärgert) Erhitzten wieder ab: Natürlich hat das *BVerfG* § 26a Abs. 1 Nr. 3 StPO nicht außer Kraft setzen können; nach dieser Vorschrift vorzugehen, darf nur nicht „auf einer willkürlichen oder die Anforderungen des Art. 101 Abs. 1 Satz 2 GG grundlegend verkennenden Rechtsanwendung" beruhen. Nun, wer judiziert schon „willkürlich" oder verkennt die Verfassung gleich „grundlegend"? Unter diesen *BGH*-Direktiven hätte ich an ca. 15jähriger Praxis – so lange hatte ich Zweitentscheider verschont – nichts verändern müssen. Denn – man beachte den Kontext – nie ist aus den Augen zu verlieren, gegen wes Geistes Rechtsanwälte sich Entscheidungen nach § 26a Abs. 1 Nr. 3 StPO richten.

Zwei ergänzende Bemerkungen zum Umgang mit dergleichen Verteidigern:

---

[12] BGHSt 50, 216; *BGH* NStZ 2006, 50 m. Anm. *Meyer-Goßner.*

Eine gewisse Spezies gedeiht nur in fruchtbarem Umfeld. Unter sechs Verteidigern nervt ein einziger, spielt sich zeitraubend auf als Schwätzer und Antragskünstler; Kollegialität hindert die anderen fünf, mehr zu tun, als die Augen zu rollen und die Brauen hochzuziehen. Abtrennung des Verfahrens gegen seinen Mandanten – stets unschwer mit dem Beschleunigungsgebot bezüglich der übrigen Angeklagten zu begründen – entzieht ihm die Plattform. Wem macht prozessualer Rabatz die rechte Freude, steht man im zuschauerentleerten Raum einsam Kammer, Staatsanwalt und einem schläfrigen Rentner gegenüber?

Und gelegentlich darf man auch einmal richtig Böses denken: Allen Richtern graut's angesichts möglicher anwaltlicher Verzögerungen, Angriffe, gar Pöbeleien. Jüngere, unerfahrene Kollegen mögen in Einzelfällen schlicht in Angst versetzt, damit – der Anwaltsstrategie erlegen – zu den gewünschten Fehlern in Prozessführung und/oder Strafzumessung veranlasst worden sein. Anwälte jedoch, auch die wenigen, von denen hier die Rede sein muss, sind ganz genauso Menschen mit Sorgen, mit Ängsten – dezidiert vor Lächerlichkeit! –, mit Phobien, mit Stolz, mit Eitelkeiten. Und damit wenigstens so verletzlich wie Richter.

> Ein Verteidiger, der ohne Studium der Fakten eine ganze Kammer wegen des Verbrechens der Rechtsbeugung angezeigt hatte, verließ den Sitzungssaal nach Wochen völliger Ausgrenzung – keine Begrüßung, keine Anrede, keine Reaktion auf seine Beiträge – den Tränen mehr als nahe. Mobbing (neudeutsch) ist die feine Art nicht. Aber es hatte ja auch keinen Feinen getroffen.

Zur Vermeidung von Missverständnissen – vorstehende Empfehlungen, selbst konsequent umgesetzt, verwandeln kein quälendes Langzeitverfahren in zackig-zweitägige Rechtsfindung. Aber nach zehn Tagen fertig zu sein, wo andere auf 30 stolz sind, erfreut doch auch. Und ganz besonders, wenn man ehedem selbst mehr Effizienz hätte zeigen dürfen...

Ein nur minimaler Prozentsatz der Anwaltschaft – ich wiederhole mich hiermit gern – unter-fällt vorstehenden Charakterisierungen. Aber man kann nicht jeden kennen, wiewohl man Warnungen von Kollegenseite durchaus als Ergänzung eigener Erfahrungen berücksichtigen sollte. Unbekannte Rechtsanwälte gilt es zu „testen" (wie diese die Richter testen). Bewährte Testmethode: scheinbar entblößende Offenheit gegenüber der Testperson, dosiert und gezügelt allenfalls im Hinblick auf echte Ablehnungsgefahren. In aller Regel befriedigen die Ergebnisse in doppelter Hinsicht.

Kaum einer nutzte die Offenheit aus; nicht einmal Anwälte durchwachsenen Rufes oder Sozii ausgemacht unreputierlicher Verteidiger. Und eine beträchtliche Anzahl als „schwierig" verschrieener Rechtspflegeorgane erwies sich gar als weichgespült und umgänglich, ersichtlich überwältigt von selbst ihnen erwiesenem „Vertrauen". Nach dem Test vertraute man einander dann ja tatsächlich, und alle beiderseitigen Tricks und Bosheiten wurden obsolet. Das Nonplus-ultra.

2. Der Wichtigste stört nicht: Der Angeklagte

Kaum etwas bekommt zügigem Verfahrensgang so wenig wie steife Förmlichkeit. Wer glaubt, diese sei seiner Würde geschuldet und Strafkammern (oder Strafsenaten) angemessen, „managed" diese „qualitätsbewusst". Lockerheit, Eingehen auf Eigenheiten all jener Beteiligten, die – in welcher Rolle auch immer – in ihnen unvertrauter Welt zu agieren genötigt sind, ja gelegentliches Lachen mit ihnen (selbstredend nicht über sie) löst Hemmungen und Spannungen, führt schneller und des Öfteren höchst versehentlich zu erfreulichen Erkenntnissen, zu der Wahrheit, die man gern die „prozessuale" nennt.

Zu behaupten, der Angeklagte sei kaum einmal imstande, signifikante Verzögerungen des Verfahrens zu bewirken, muss böse in den Ohren all jener Kollegen klingen, die sich nach 1968 jahrelang mit selbsternannten Berufsrevolutionären aller Grade – vom Beleidiger über den Landfriedensbrecher bis zum veritablen Terroristen – zu befassen hatten. Dann zumal, wenn der, der solches behauptet, seinerzeit in kuscheliger Jugendgerichtsbarkeit judizieren durfte: Drohte auch nur ansatzweise, der heranwachsende Rebell möchte versuchen, das Verfahren umzufunktionieren, sah sich die Öffentlichkeit aus pädagogischen Gründen ausgeschlossen und der junge Frontkämpfer – nebst anwaltlichem spiritus rector – der Plattform für die geplante Show beraubt. Jetzt wurd's langweilig. Die Arbeit konnte beginnen.

Neidvoll mag diese Verfahrensgestaltung betrachten, wem dergleichen Maßnahmen nicht zur Verfügung stehen. Doch wer wäre das? Allenfalls diejenigen, denen gesetzliche Disziplinierungsmaßnahmen nur unvollkommen gegenwärtig sind. Oder diejenigen, die ihnen durchaus bekannte Disziplinierungsmaßnahmen bewusst ungenutzt lassen – sei es aus Furcht vor der Revisionsinstanz, sei es in Extremfällen (in jedem Sinne des Wortes!) aus verständnisvollem Mitempfinden. Wie man sich bettet, so schläft man. – Über Disziplinarmaßnahmen zu reden und sie zu verhängen, scheint übrigens zweierlei zu sein. In 36 Jahren habe ich nie eine gegen Angeklagte verhängt, anscheinend aber den Eindruck zu vermitteln verstanden, man lasse mich's besser nicht tun. Das war gut so. Für alle.

Regelmäßig ist der Angeklagte den Richtern intellektuell unterlegen. Oder sollte es sein. Verfahren vor der Wirtschaftskammer mögen von Zeit zu Zeit die sprichwörtliche Ausnahme bilden. Dort jedoch bedient sich der Angeklagte auch nicht der seinen schlichter strukturierten Leidensgenossen einzig zu Gebote stehenden Verzögerungswaffen: Frechheit und/oder Geschwätzigkeit. Bezüglich ersterer: siehe oben! Bezüglich letzterer einige Beispiele unter Beachtung der §§ 243 Abs. 4, 136 Abs. 2 StPO (nebst ein wenig Einfühlung):

> Bandenchef A lehnt den Vorsitzenden begründungslos ab und verkündet, genau dies werde er künftig mehrfach wöchentlich wiederholen. Die Ablehnung des Antrags wird (gemäß § 26a Abs. 1 Nr. 2 StPO unter stiller Billigung durch den *BGH*[13]) formuliert, zugleich aber ein Kurzbeschluss folgenden Inhalts entworfen: „Das Ablehnungsgesuch des Angeklagten vom… wird aus den Gründen des Beschlusses vom… als unzulässig zurückgewiesen." – Mit allen Richtern wird abgesprochen, im Wiederholungsfalle einander nur zuzunicken, um darauf den Vorsitzenden dieses forensische Juwel verkünden zu lassen. Nur einmal wurde das nötig.

Anwälten den Mund zu verbieten, begegnet der einen oder anderen Schwierigkeit. Die Rechte des Angeklagten sind enger umrissen – § 136 Abs. 2 StPO. Versucht er sie extensiv durch Endlos-Produktion heißer Luft wahrzunehmen, gebieten sich Unterbrechung und Abfassung eines Beschlusses, der durchaus aufwändig, weil ausführlich den geschwätzigen Unsinn des Dauerredners wiedergibt, ihm weitere Äußerungen zum infrage stehenden Prozessgegenstand (natürlich nicht bezüglich zukünftiger neuer Erkenntnisse) aber untersagt. Der *BGH* weiß, woran er mit dem Angeklagten ist und wird § 338 Nr. 8 StPO kaum ernsthaft strapazieren.

Zurückhaltender darf reagiert werden auf Angeklagte, die – ohne böse Absicht – schlicht an Logorrhoe leiden (leiden?): In aller Regel genügt ein energisches „Danke" seitens des Vorsitzenden bei derartigen Schlussworten unter Ausnutzung unvermeidlichen Luftholens und ergänzt durch den Satz, die Kammer werde all dieses bei der Beratung beachten.

[13] Die bei begründungslosen Ablehnungsanträgen auch jetzt noch gilt, vgl. BGHSt 50, 216; *BGH*, Urt. v. 29. 6. 2006 – 5 StR 485/05.

Und überraschend verfahrensverkürzend kann sich eines Vorsitzenden Geduld bei intellektuell ausnehmend dürftig ausgestatteten Angeklagten erweisen.

> Eine der Kindesvernachlässigung angeklagte junge Frau versuchte, eineinhalb Stunden lang, die Vorwürfe zurückzuweisen. Die genervte Staatsanwältin bedeutete mehrfach und nicht immer dezent, der Vorsitzende möge den Redefluss bremsen. Tat er nicht. Konnte aber danach auf sämtliche Belastungszeugen verzichten; denn das Bestreiten hatte sich – von allen außer Angeklagter, Staatsanwältin und Verteidiger bemerkt – zu einem runden Geständnis ausgewachsen.

Gewohnheitsbetrüger und Kindesmisshandler haben – sehr häufig wenigstens – eines gemeinsam: endlose Wortkaskaden zu Nebensächlichem, markante (natürlich leugnende) Kürze zum Kern der Vorwürfe. Jene einzudämmen, dieses zu hinterfragen, ist unvermeidlich. Verkürzend wirkt allerdings das – fast – sichere Wissen: Wer sich in diesem Stil verteidigt, hat's nötig.

3. Ruhe im Karton: Der Zuhörer

Die Zuschauer eines Strafprozesses erfüllen einen staatsbürgerlichen Auftrag – sie verkörpern das Öffentlichkeitsprinzip. Regelmäßig begriffen als Wärmehalle oder Fernseh-Soap-Ersatz, funktionieren sie gelegentlich den Sitzungssaal aktiv um (oder versuchen das doch) –sofern nämlich dem oder den Angeklagten in Freundschaft oder Feindschaft herzlich verbunden. Ein solches Geschehen soll einen Vorsitzenden veranlasst haben, rivalisierende Clans zweier vorderasiatischer Mitbürgerfamilien mit selbstfinanziertem Gebäck zu beruhigen. So geht es auch. Vorherige Informierung eines vom Präsidenten des Gerichts vorgehaltenen, auf derartige Komplikationen trainierten Kommandos von Wachtmeistern wäre die Alternative. „Rufen Sie an", versicherte mir einst deren Leiter, „und in fünf Minuten ist der Laden geräumt". Nun, zehn Minuten hätten's auch getan. Manch' Prozessbeteiligter raucht langsam. – Übrigens: einmal mehr – ich habe die flotte Truppe nie persönlich kennen lernen dürfen, allerdings auch nie zum Gebäck gegriffen.

Der Umgang mit einzelnen Störern kann sich umständlich gestalten. Ordnungsmaßnahmen sind zwar gesetzlich geregelt, indes überschaut nicht jeder Vorsitzende in der Hitze des Gefechts alle Feinheiten einschlägiger Vorschriften. Ist auch entbehrlich. Den Aufmüpfigen einmal – *einmal* – durch Zuruf ermahnen, im Wiederholungsfalle zum Richtertisch eskortieren lassen, Namen feststellen, auf voraufgegangene Warnung hinweisen, vom Prozess ausschließen. Und: nichts protokollieren! Dauert alles nicht länger als fünf Minuten.

Niemand redet geheimen Strafverhandlungen das Wort. Nur verlohnt ein Vergleich zwischen dem hehren Prinzip der Öffentlichkeit und seinen Inkarnationen. In grammatikalisch höchst anfechtbaren Wendungen erklärte ein (gnädig anonym gebliebener) Prozessbeobachter kürzlich vor der TV-Kamera, er habe „mehrere gravierende Formfehler" in der Führung eines (spektakulären) Mordprozesses registrieren müssen. Gut, dass der dabei war. Der *BGH* wird auf ihn zurückgreifen.

Eine gewisse Kontrolle über potentiell renitente Prozesskonsumenten, so wird deutlich, erleichtert die Rechtsfindung, begünstigt freilich ein früheres Verhandlungsende und verdirbt damit den zum Ziel gemachten Weg. Ähnliche Chancen bietet das prozessuale Restprogramm nur noch recht eingeschränkt.

4. Menschen wie du und ich: Der Zeuge

Zeugen proben in aller Regel keine Aufstände; mehrheitlich lieben sie nichts so sehr wie ihre Entlassung. Inwieweit Verfahrensdauer durch Vernehmungstechnik zu beeinflussen ist, sei dahingestellt. Vernehmungstechnik ist nur bedingt Teil des „Managements"; denn niemand kann aus seiner Haut. Ein wenig Flexibilität scheint – welches Ziel man immer verfolgen mag – indes angeraten. Vertretungsweise der Verfahrensleiterin beisitzend, bewunderte ich uneingeschränkt ihren von Einfühlungsvermögen, „Fingerspitzengefühl" geprägten Umgang mit einem schizophrenen Angeklagten, aus dessen exzentrisch-skurrilen „Argumenten" auf intellektuelle Unterbelichtung zu schließen, ein ebenso naheliegender wie verhängnisvoller Fehler gewesen wäre. Behutsam aufbauend führte sie ihn zu einer geständnisnahen, halbwegs realitätsbezogenen Aussage. Um dann freilich die gleiche „Technik" gegenüber einem einigermaßen machohaften Hauptkommissar anzuwenden. Der sah sich ersichtlich im falschen Film. Und abendfüllenden zumal.

Und noch eines: Autorität kann erfolgreich sein. Nachgiebigkeit aber auch. Gerät der Angeklagte angesichts des Zeugen und dessen Aussage in blanke Wut und rastet aus, bietet sich das Eingreifen des Vorsitzenden an, ist gar unvermeidlich, benötigt der Zeuge erkennbar dessen Schutz. Ist der Zeuge indes wehrhaft, bestenfalls von gleichermaßen sanguinischem Temperament, hat beiderseitiges Gebrüll des Öfteren überraschende Wahrheiten generiert – gleich, ob zugunsten oder zuungunsten des Angeklagten. Wer das Visier im falschen Moment hochklappt, vernachlässigt die Deckung; nicht nur im Wein, mehr noch im Kontrollverlust liegt Wahrheit! Hat sich der Zeuge, hat sich der Angeklagte irreparabel verbrannt, bleibt immer noch Gelegenheit für des Vorsitzenden begütigenden Eingriff...

Drängt es ein Opfer, zumal ein betagtes, sich nach Überwindung anfänglicher Hemmungen breiter auszudrücken, als dies unter Gesichtspunkten effizienten Managements wünschenswert wäre, habe ich letztere gern vorübergehend vergessen. Wegen des Opfers gibt's uns doch. Und besonders wegen der hilflosen.

5. Lückenbüßer: Der Sachbeweis

Auch Sachbeweise einzuführen, birgt Verzögerungspotential. Wer unter strikter Missachtung von § 249 Abs. 2 StPO wochenlang ermüdende (weil allen Beteiligten regelmäßig bekannte) Schriftstücke verliest, hat der Verfahrensdauer gedient, den Weg der „Qualität" substantiell verlängert. Wer Anträgen auf „Lokaltermin" entspricht, dient diesem Ziel gleichermaßen, eröffnet darüber hinaus der Verteidigung ein weites Feld unübersichtlicher Revisionschancen (oder haben Sie, verehrter Kollege, gegenwärtig, wo überall Sie bei derartigen Ausflügen Ihre Spuren hinterlassen müssen, damit die Öffentlichkeit gewährleistet ist…?). Einen Polizeibeamten ins „Lokal" zu schicken und anschließend zeugenschaftlich zu hören, macht den Aufmarsch von 10 bis 20 Personen zwanglos entbehrlich (mit den Rechtsfolgen aus § 244 Abs. 5 Satz 1 StPO). Der Wahrheit ist hinreichend gedient. Der Eindruck „qualitäts"-geminderter Erledigung freilich – wieder einmal – bestätigt: Wer schlichte Wege geht, ist selber schlicht.

Und wann verlangt's zeitlich nach Einführung des Sachbeweises? Angedeutet war's bei der „Vorbereitung": immer hinein in die unvermeidlichen Lücken!

6. Besserwissen nützt nichts: Der Sachverständige

Die Dauer eines Sachverständigenvortrags ist schwer zu beeinflussen. Der Bitte des Vorsitzenden, wenigstens den Anklagevorwurf nicht zu wiederholen, wird jedoch zumeist entsprochen werden. Gestraffte Wiedergabe des Lebensweges des Angeklagten durch den Psychiater dagegen erspart sogar die gelegentlich zeitaufwändige (und nicht notwendig ergiebigere) direkte Befragung des Angeklagten zu diesem Punkte – ist jener doch gewöhnlich deutlich eloquenter. Zur Sicherheit mag man dann den Angeklagten bitten – was regelmäßig konzediert wird –, die Richtigkeit der Schilderung zu bestätigen.

Grundsätzlicheres gilt für die Befragung des Sachverständigen durch den Richter. Hier eröffnen sich breite Möglichkeiten „qualitätvollen" Managements.

Ein Sachverständiger, welcher Provenienz auch immer, sollte sein Fachgebiet beherrschen. Der Richter auch. Freilich ist das des Sachverständigen nicht das seine. Liest er sich jetzt – höchst euphemistisch als „Halbbildung" bezeichnete – Kenntnisse jener Fachinselchen an, um die es im Prozess gehen könnte (beliebte, oft rührende Verteidigerstrategie), blüht jeder Sachverständige auf: Nichts ist leichter, als Amateuren ihre Grenzen zu weisen (man vergegenwärtige sich den richterlichen Umgang mit Schöffen, die sich „juristisch vorbereitet" haben...). Solche Diskussionen aber kosten Zeit. Wie alles Nutzlose.

Lassen Sie uns die wissenden Blicke und zielgerichteten Fragen der Richter genießen, wenn der Sachverständige 14 Fingerabdruckübereinstimmungen konstatiert, der tumbe Verteidiger indes nur sechs nachvollziehen kann (während dem Berichterstatter nur zwei gelingen wollen). Lesen Sie bewundernd die putzigen Schilderungen der DNA-Analysen in Urteilen, denen in der Verhandlung selbstredend tiefschürfend auf den Grund gegangen worden war, den Sachverständigen zu schnell mitgeschriebenem, hübsch intellektuell klingenden Fachchinesisch nötigend, die nun den Eindruck erwecken, die Kammer habe die Technik eben erfunden. Lauschen Sie dem forschend insistierenden Vorsitzenden, der wissen will, warum des Angeklagten Blutprobe 2,54 Promille auswies, obgleich der nur „zwei kleine Bier" getrunken hatte. – Wie wär's mit ein wenig Ehrlichkeit? Fingerabdruck, DNA, Blutprobe stimmen immer. Müssen wir tatsächlich schwätzend vorgeben, derlei stets auf's Neue zu verifizieren?

Aber so einfach ist das Leben ja nicht immer. Nachstehend erwähnte Experten habe ich im Laufe dienstlicher Befassungen zu lesen, anzuhören, ja, und auch zu befragen gehabt (ohne auch nur annähernde Garantie der Vollständigkeit): Psychiater, Psychologen, Glaubwürdigkeitserkenner, Waffen- und Kriegswaffen-Sachverständige, Kfz-Experten, Drogenkenner, Pathologen, Brandsachverständige, Chemiker, Hygieniker, Allgemeinärzte (Verhandlungsfähigkeit), Augenfehlerkenner, gar einen Experten für Reaktionen von Folteropfern und – professioneller, freilich wegen schnöder Antragsablehnung allen Beteiligten vorenthaltener Höhepunkt – einen SED-Professor als Rechtsgutachter zur Frage der Strafbarkeit des Abschießens von „Grenzverletzern".

„Qualitätsmanagement" hätte sich zu etlichen Nebenstudien veranlasst gesehen. Management begnügt sich mit zwei Kernforderungen:

Der zu bestellende Sachverständige muss „gut" sein! Was macht einen Sachverständigen gut?

a) Beherrschung der theoretischen Grundlagen seines Faches – bei nahezu jedem bedenkenlos zu unterstellen –;
b) Fähigkeit, diese auf den konkreten Fall zu übertragen – der Kreis der „Guten" verkleinert sich –;
c) Fähigkeit, seine Erkenntnisse in einem selbst Juristen fassbaren Deutsch zu formulieren
– die Auswahl wird zunehmend schwieriger –;
d) Persönliches Format, das jedes Einknicken gegenüber unzufriedenen Beteiligten zuverlässig verhindert
– nur wenige sind auserwählt...

Gut, wenn der Sachverständige von seinen Ergebnissen überzeugt ist. Nur ist das nachrangig; denn er entscheidet nichts. Der, welcher entscheidet, muss überzeugt sein. Also: ich.

Und dazu muss das dem *Richter* einzig Relevante erfragt, erkannt, verstanden werden. Und sonst nichts.

Nicht die geistige Erkrankung – Wie heißt sie? Wie ist sie bei der WHO katalogisiert? Wie ist sie therapierbar? – interessiert mich. Einzig wissen will ich: Hat die Krankheit den Angeklagten bei der Tat im Rahmen von §§ 21, 20 StGB beeinflusst? Liegt sie überhaupt vor, oder ist sie nur nicht auszuschließen? Ist der Angeklagte ihretwegen zukünftig gefährlich (§ 63 StGB)?

Dass der Erschossene schwer alkoholisiert war, mag nicht ohne Interesse sein. Die auf Notwehr zielende Verteidigung ist indes beendet, wenn der Pathologe einen aufgesetzten Einschuss am Hinterkopf nachweist.

Mit Diazepam hatte man – so der Tatvorwurf – in Thailand sein Bier versetzt. Nach Verscharren in dortiger Erde, Obduktionen in Bangkok und Deutschland und wochenlanger Beerdigung fand der hiesige Experte am abgetrennten Schädel noch genau das, was er finden sollte: unverkennbare Diazepamspuren. Sonst noch Relevantes? Wozu?

Die Feststellung, ein Kind, ein Geisteskranker sei unglaubwürdig, ist ein Indiz. Ein solches ohne jede Bedeutung jedoch, wenn des Zeugen Angaben von objektiv festgemachten Fakten gestützt werden. Ist die Aussage *glaubhaft*, langweilen die charakterlichen Mängel des Aussagenden. – Hört man in diesem Falle den Psychologen überhaupt noch? Höflichkeit? Beruhigung von Verteidigung und *BGH*?

Die Angaben, ein von zwei Kopfdurchschüssen nicht unerheblich beeinträchtigter Mensch könne theoretisch durchaus noch eine zutreffende Täterbeschreibung liefern, könne dabei freilich auch ebenso weit *neben* der Wirklichkeit landen, und wann was der Fall sei, sei nicht feststellbar, impliziert, dass der Sachverständige besser nicht bestellt worden wäre. Immerhin verblieb der Lerneffekt, Angaben eines derart Verletzten nicht von vornherein als sicheren Unsinn zu qualifizieren. Und häufiger als gewünscht ist ein Gutachten unvermeidlich, um zu begreifen, wie vermeidlich es tatsächlich war.

Ist die Tatbegehung schon nicht nachzuweisen, muss schweren Herzens auf die diffizilste Expertise zum Borderline Syndrom verzichtet werden. Versteht sich von selbst? Umso besser.

Weiß der Richter, was konkret relevant ist, bleibt, falls das Gutachten nicht per se und jeden Beteiligten überzeugt, nur insistierendes Fragen. Fragen, das durchaus zeitaufwändig sein kann, gelegentlich sein muss, das indes zu nichts führt, versucht der Jurist die theoretischen Prämissen des Sachverständigen anzugreifen, die eigene Halbbildung, so vorhanden, unter dem Scheffel hervorzuholen. Die Fragen haben vielmehr nur einem Ziel zu dienen: *Mich*, der ich die Sache *entscheiden* muss, zu überzeugen, dass das gutachterliche Fazit mir erlaubt, guten Gewissens mit dem *von mir zu verantwortenden* Ergebnis zu leben. Dazu dürfen – besser wohl: müssen – die Fragen elementar sein, gern auch aus Sicht des Gutachters „dumm". Hauptsache, die Antwort überzeugt mich – beispielsweise –, diese und jene konkret umschriebenen Umstände schließen die Steuerungsfähigkeit wahrscheinlich aus und bezeichnen ein Krankheitsbild, das, welchen Namen immer es tragen mag, die Unterbringung so sicher erfordert, wie ich weiß, dass jemand einen Gegenstand berührt hat, auf dem sich sein Fingerabdruck befindet. Was ist es, das den – besten- oder schlimmstenfalls – Halbgebildeten überzeugt, der Experte aus fremdem Wissenschaftsfeld habe das „Richtige" bekundet? Es ist die Übereinstimmung von Gutachten und persönlichem Eindruck aus Akten und Hauptverhandlung, den zu gewinnen dem Richter eine Vielzahl von Quellen zur Verfügung steht – als da sind: Lebensweg des Angeklagten, Verteidigungsverhalten jetzt und in früheren Verfahren, Auftreten in der Hauptverhandlung, insbesondere ersichtlich spontane Einlassungen. Und. Und.

Und. Bei nötiger Aufmerksamkeit. – Aus dem wirklichen Leben:

> Ein ausgemacht „lieb“ wirkender Angeklagter hatte – eingestandenermaßen (s. o.!) – acht Menschen umgebracht, eines seiner Vergewaltigungsopfer indes überleben lassen. Der Sachverständige begutachtete ihn als psychisch gesund. Auch Tatrichter unterliegen dem – insbesondere Verteidigern und gelegentlich dem *BGH* immanenten – Syndrom, angesichts besonderer Scheußlichkeiten sofort auf wenigstens eingeschränkte Verantwortlichkeit zu schließen; Motto: Wer seine Frau ersticht, kommt lebenslänglich in Haft, wer sie anschließend köpft, ins Krankenhaus. Eine einzige (durchaus provozierte) Spontanantwort des Angeklagten machte das Gutachten indes transparent: Befragt, warum er sein neuntes, von hinten und bei Dunkelheit missbrauchtes Opfer nicht getötet habe, gab er zurück, das sei doch „nicht nötig“ gewesen, schließlich hätte es ihn nie identifizieren können. Ein besonnener Praktiker.

> Nicht unähnlich diese Situation: Der Angeklagte hatte in scheinbar maßloser Wut seinen „Feind“ aus nächster Nähe mit einer Pumpgun erschossen, schien, wie eine beträchtliche Zahl kriminell relevanter oder auch nur im Persönlichen liegender Vorfälle nahe legte, sich einfach nicht kontrollieren zu *können*, lief ihm die bekannte Laus über die Leber. Der Sachverständige jedoch wollte von Kontrollverlusten so wenig wissen wie vom verteidigungsersehnten „Affekt“. Und gern fand er Gehör bei Gericht. Nicht wegen dessen Drang zu drastischen Strafen, sondern weil das Verhalten des Angeklagten vor Gericht ihn decouvriert hatte: Manches Mal brüllend ausfällig gegen Zeugen, bewies er Zurückhaltung, ja geschliffene Höflichkeit gegenüber der Autorität, sprich: Richter und Staatsanwalt. Bitte – geht also.

Der Angeklagte fällt ohne nachvollziehbaren Grund über seinen Freund her und versucht, den zu erstechen. Der Sachverständige findet schnell überzeugende Argumente für die eingeschränkte Schuldfähigkeit des Angeklagten, verneint indessen die Voraussetzungen einer Unterbringung mit der Begründung, der Angeklagte lasse sich trotz mannigfacher fehlgeleiteter Vorstellungen argumentativ vom Gegenteil seiner Ideen überzeugen, was gegen die „totale Inkohärenz des Schizophrenen" spreche. Natürlich hat die Kammer keine Ahnung, was gegen wessen Inkohärenzen sprechen mag; dennoch nimmt sie dem Experten seine Schlussfolgerung gern ab: Hatte der Angeklagte seinen Tötungsversuch doch bereitwillig unterbrochen, als eine ältere schmächtige Nachbarin sich schützend vor das Opfer gedrängt hatte.

Eine Angeklagte, die ihre Eltern des Erbes wegen ermordet hatte, vervierfachte die Dosis angeblich konsumierten Rohypnols zwischen erster aufgehobener Verurteilung zu lebenslanger Haft und erneuter Hauptverhandlung. Das mochte glauben, wer wollte. Das musste glauben, wer es nicht widerlegen konnte. Ob Rohypnol freilich zum begehrten § 21 StGB führen würde, war vom Sachverständigen zu erörtern. Man habe, dozierte der, mit hohen Dosen Rohypnols Wildtiere zu Futterplätzen zu locken vermocht, die sie aus Furcht „nüchtern" nie aufgesucht hätten. Das Mittel senke also anscheinend die Hemmschwellen beträchtlich. Dem konnte man sich angesichts identischer Motivationslage von Hirsch und Angeklagter nur anschließen (besser: man *musste* … und anderweitig Gründe für das „Lebenslang" finden).

Was aber, wenn das Ziel überzeugender Übereinstimmungen nicht zu erreichen ist? Weil ich den Sachverständigen auf Gedeih und Verderb nicht verstehe, oder ihn zwar verstehe, sein Ergebnis indes nicht zu akzeptieren vermag, oder der Gutachter, weil mir von der Staatsanwaltschaft oktroyiert, meinen Qualitätsvorstellungen – siehe oben! – nicht entspricht? Was dann?

Dem einfachsten Weg gebricht es ohne Zweifel an „Qualität". Doch auch, wer schlichtem Management anhängt, sollte aufmerken: Sich resignierend dem unverständlich-unverstandenem Experten anzuschließen, birgt – bei aller zügigen Sacherledigung – Gefahren. Gibt es doch etliche Bundesrichter, die verstehen, subtil zwischen den Zeilen zu lesen und kritisch aufzumerken, wenn das widerwillig zu Papier gebrachte Ergebnis allzu deutliches Fehlen tatrichterlicher Überzeugung verrät. Zudem wird sich auch der, der das Ziel dem Weg vorzieht, erinnern, dass zwei Aspekte für keinen Strafrichter zur Disposition stehen: die Schuld- und die Rechtsfolgenfrage. Ein Urteil, das er nicht mitträgt, kann guten Gewissens nur der Überstimmte unterschreiben. Niemand aber wird vom Sachverständigen überstimmt.

Qualitätsgeneigte Bearbeiter, ohnehin substantieller vorgebildet, mögen geneigt sein, auf die eigene Sachkunde zu rekurrieren. Sie sind es auch, die gern und oft bekunden, wie problemlos der *BGH* ihre schlüssige Widerlegung des Sachverständigen goutiert habe; sei der Sachverständige doch nichts als der Helfer des Gerichts, kein Richter seinem Befund unterworfen. Letzteres steht außer Streit – Ersteres freilich sähe man gern häufiger durch Lektüre der höchsten Instanz bestätigt. Statt dergleichen Bestätigungen steht indes eher das folgende Beispiel für hunderte:

> Der Sachverständige trägt ein Gutachten vor, das die Richter für abwegig halten. Also studiert der Berichterstatter einschlägige psychiatrische Literatur – dessen Originalton: „über mehrere Wochen..." – und bestimmt mit neugewonnener Sachkunde die Kammer zu abweichenden Schlussfolgerungen. Die erläutert er liebevoll auf dreieinhalb Urteilsseiten. *BGH*: Sachkunde des Gerichts nicht hinreichend dargetan. Aufhebung. Die neue Kam-

mer bestellt einen Experten nach obigen Qualitätskriterien, und der kommt zu dem – nachgerade erwarteten – Ergebnis, im aufgehobenen Urteil hätten sich die Richter allenfalls mit einer auch noch irrelevanten Vorsilbe vergriffen; der Rest sei der Expertise seines Kollegen eindeutig überlegen. Nun, er sagte das netter; kollegialiter. Und beim zweiten Durchlauf fand nun auch der *BGH* nichts mehr zu erinnern, beruhte das Richtige doch jetzt nicht mehr auf dubioser richterlicher Sachkunde, sondern auf richterlich verstandener Sachkunde des Sachkundigen. Aber natürlich: Die richtig Guten haben da ganz andere Erfahrungen.

Im begrenzten, wenngleich umfänglichen Bereich der Schuldminderung über § 21 StGB soll es, glaubt man dem Flurfunk, eine weitere Möglichkeit geben, mit weniger überzeugenden Gutachten umzuspringen; jedenfalls in Fällen flexibler Strafrahmen: Der Kammer schweben acht Jahre Freiheitsstrafe vor, sie hält den Angeklagten für psychisch so gesund, wie sich selbst. Der Sachverständige dagegen „eiertanzt“ um einen nicht auszuschließenden § 21 StGB, niemanden überzeugend. Selbst wenn man die Vorschrift anwende, fällt da dem wachen BE I auf, läge man mit der gewünschten Strafhöhe komfortabel im verschobenen Strafrahmen. Und so gibt's denn acht Jahre mit § 21 StGB statt acht Jahre ohne ihn. Gewiss geht das und hat zudem den unschätzbaren Vorteil weitgehender Unangreifbarkeit per Revision. Bloß der Nachgeschmack ist kein so richtig guter.

Bleibt eigentlich nur „Lösung D“ – missfällt mir ein Sachverständiger, liege das nun an ihm oder mir, bestelle ich einen weiteren. Das kostet Zeit. Tatsächlich? Meine gewiss. Aber wohlverstandenes Management begreift sich als das des Verfahrens, nicht meines Feierabends. Was zur Aufhebung eines – auch meines... – schnellen Urteils führt, verlängert das *gesamte* Verfahren quälend.

Fazit: Den Sachverständigen sorgfältig aussuchen, befragen, bis seine Antworten überzeugen. Wenn nicht den ersten, dann den zweiten.

7. Übrig bleibt, was verstanden ist: Der Urteilsstoff

Der Prozess neigt sich dem Ende zu: Die Sammlung von Informationen, Feststellungen und Müll bedarf lediglich der Strukturierung.

Steht der Hauptvorwurf nicht, führt nichts an der rechtlichen Überprüfung der Nebenpunkte vorbei – gilt es doch, wenigstens die bisherige Untersuchungshaft zu rechtfertigen. Den Berichterstatter zieht's in die Bibliothek, neuerdings wohl eher vor den PC. Und selbst Vorsitzende sollen an beiden Orten schon gesichtet worden sein, wenn denn die Hauptverhandlung nicht in gewünschter Eindeutigkeit verlief.

Ansonsten: Strukturierung eben.

Die Strafrechtsklausur im 2. Staatsexamen gehört zu meinen beachtlichsten Lebensleistungen. „Gut" hätte sie genannt werden können, so der Vorsitzende der Prüfungskommission bei „Urteilsverkündung", hätte ich die Tapsigkeit vermieden, eine Schwurgerichtsanklage wegen Unterlassungstotschlags mit tatmehrheitlich begangenem Diebstahl von 200 gr Kaffee anzureichern. „Kennen Sie § 154 StPO nicht?" fragte er indigniert, und ein schlichtes Nein hätte der Wahrheit entsprochen. Statt ihrer stotterte ich einiges von „offenbar übersehen". Indes: Der Vorfall war ein Augenöffner. 36 Dienstjahre boten Gelegenheit in Fülle, meine Schuld gegenüber der Vorschrift abzutragen. Und ihre kleine Schwester – § 154a StPO – gleichermaßen lieben zu lernen.

Nun gehören beide Vorschriften unbestritten auch zum Repertoire der Anhänger gehobenen Managements – dies jedenfalls dann, wenn entsprechende Anträge und Anregungen von allen Seiten auf die Kammer nieder regnen. Ausgeschöpft werden sie indes nicht; denn dies verlangte ihre strikte Anwendung in allen Fällen, in denen eine signifikant schärfere (Gesamt-)Strafe auch bei noch so vertiefter Aufklärung nicht erreichbar oder vertretbar sein würde. Die verbreitete Praxis, so will mir scheinen, ignoriert diese Bedingung weitgehend.

Von 100 Straftaten 20 einzustellen, weil der zusätzliche Aufklärungsaufwand – maximal –minimale Strafverschärfung rechtfertigen würde, mag angesichts deutscher Gesamtstrafenphilosophie noch halbwegs gängig sein. Dasselbe mit 70 schwieriger aufzuklärenden Taten zu tun, fiele schwerer. Aber warum nur? Ein Zahlenspiel: Mag jeder der, sagen wir, Diebstähle im besonders schweren Fall eine Einzelstrafe von einem Jahr „wert" sein, bedeutet dies in erster wie in zweiter Alternative, dass diese „Einsatzstrafhöhe" gesamtstrafenbildend zu überschreiten wäre, jeweils 15 Jahre (einmal „80", einmal „30" Jahre...) nicht erreicht werden dürften. Eingedenk restriktiver Vorgaben des *BGH* zu „zeitlichem und situativem Zusammenhang", dem Verbot, in arithmetische Spielereien von „mittlerer Strafhöhe" zu verfallen, dem Gebot, die Einsatzstrafe sodann angemessen – „maßvoll"? – zu erhöhen, verbleiben der Kammer allenfalls abgestufte Gesamtstrafen von guten vier bis knappen sechs Jahren, eine maximale Differenz von vielleicht einem Jahr und sechs Monaten (nettoverbüßend kein Jahr...). Dem steht bei streitigen 70 Fällen der zweiten Alternative unsäglicher Zeitaufwand – in der Hauptverhandlung und bei der Urteilsabsetzung – sowie das unwägbare Revisionsrisiko drohend gegenüber. Letzteres ist bei geständigen Angeklagten und nicht grotesk überzogener Strafe dagegen praktisch inexistent. Ist dem Rechtsstaat gedient, die Resozialisierung befördert, die Allgemeinheit effektiver geschützt, erhält der Seriendieb nach sechsmonatiger Verhandlung eine Freiheitsstrafe von fünf Jahren und sechs Monaten anstatt nach zwei Verhandlungstagen eine solche von vier Jahren und sechs Monaten?

Eine Schwurgerichtskammer verhängt lebenslange Gesamtfreiheitsstrafe wegen Mordes in Tatmehrheit mit falscher Verdächtigung – gut, dass das keine Examensarbeit war – sowie wegen Computerbetruges in mehreren Fällen. Mit den Einzelfreiheitsstrafen wegen der Betrügereien rechtfertigt sie die zusätzlich ausgeworfene Sicherungsverwahrung, die an lebenslange Haft zu knüpfen bekanntlich unzulässig ist. Hätte sie sich die Frage gestellt, wann der Angeklagte ohne Sicherungsverwahrung und wann mit Sicherungsverwahrung seine Freilassung erwarten darf, hätte sich ihr – möglicherweise – Überraschendes präsentiert: zum exakt selben Zeitpunkt. Dann nämlich, wenn ihm gutachterlich und halbwegs plausibel bescheinigt wird, nicht mehr gefährlich zu sein. § 154 StPO hätte sich mithin angeboten (vielleicht sogar bezüglich der falschen Verdächtigung...?). Es kam, wie's kommen musste: Computerbetrug ist schwierig (für das Gericht), Sicherungsverwahrungs-Begründungen desgleichen – dieser Urteilsteil überlebte die Begegnung mit dem *BGH* nicht. Und die zur Neubearbeitung aufgerufene Kammer holte § 154 StPO im Dezernatswege nach. Oder hatte es nur gegolten sicherzustellen, dass der Angeklagte nach etwa 18 Jahren Inhaftierung keinen Computer mehr betrügt?

Wer als Mitglied einer Bande stiehlt, riskiert – sehr theoretisch – zehnjährige Haft. Wer zugleich einer kriminellen Vereinigung, gegründet eben zu Diebstahlszwecken, angehört, riskiert maximal fünf Jahre und gemäß § 52 StGB schlimmstenfalls den schmerzlichen Urteilszusatz, die Strafe sei ein wenig höher ausgefallen, weil er „mehrere Straftatbestände" verwirklicht habe. Nach dem Aufklärungsaufwand für die revisionsfeste Feststellung einer kriminellen Vereinigung frage man den, der ihn schon mal erlitten hat.

Nichts anderes gilt für tateinheitlich oder auch tatmehrheitlich angeklagte Exoten wie Verstöße gegen verschiedene Waffengesetze oder das Ausländerrecht. Ein Waffensachverständiger mag die Frage erschöpfend beantworten, ob der bloße Zünder einer Kriegswaffe selbst schon eine ist; längeres Selbststudium mag irgendwann ein wenig Transparenz in §§ 92a und b AuslG (bzw. jetzt §§ 96 f. AufenthG) vermitteln. Ein kurzer Blick in solche an Geschwätzigkeit und Bürokratiewildwuchs nicht zu übertreffenden Normen legt allerdings nahe, sie zu meiden wie der Teufel das Weihwasser. Richtig ist gewiss, sie neben einem veritablen Raub mit Waffen *anzuklagen*, weiß man doch vorab nie ganz sicher, ob sich der Angeklagte dem Hauptvorwurf irgendwie entwindet. Man weiß das jedoch gegen Ende der Beweisaufnahme. Ergo: Bis dahin wird keinerlei Arbeit in Nebentatbestände investiert. Steht der Raub, genügt ein Blick zum Staatsanwalt. Tut er's nicht, hilft alles Management nichts; jetzt muss mit „Qualität" gearbeitet werden. Aber eben erst jetzt.

Zu Ende gedacht, gelten vorstehende Überlegungen für jeden – jeden! – tatsächlich oder rechtlich unübersichtlichen Anklagepunkt. Immer vorausgesetzt, genügend Übersichtliches verbleibt. Und wenn Verfall und Einziehung zum Thema zu werden drohen, entgeht höchstrichterlichen Belehrungen, wer dem Verteidiger vorab die Vorteile freiwilliger Zahlungen und Verzichte verdeutlicht. Solange ein Bodensatz zur Begleichung des Wahlmandats verschont bleibt, geht das regelmäßig glatt.

Ob der Messerstich mitten ins Herz als Mord, Totschlag oder Körperverletzung mit Todesfolge zu qualifizieren ist, mag sich am (geplanten) Schluss der Beweisaufnahme abweichend vom Anklagevorwurf darstellen. Der rechtliche Hinweis, tunlichst auch dann zu erteilen, wenn die neue Sicht der Kammer dem Angeklagten zum Vorteil ausschlägt, wäre aus dem Gebot, ein Verfahren fair zu führen, auch dann unumgänglich, wenn es § 265 StPO nicht gäbe. Und er erfüllt neben dem Dienst am Angeklagten einen prozessökonomischen Zweck. Erteilt ein Gericht nicht nach jeder neuen Erkenntnis nervig neue Hinweise (wovon schon an anderer Stelle abgeraten wurde), sondern einen einzigen am Schluss der von ihm geplanten Beweisaufnahme, wissen alle Prozessbeteiligten, dass sie nunmehr Engelszungen brauchten, um diese rechtliche Überzeugung noch zu erschüttern. Die meisten Staatsanwälte und Verteidiger vertrauen – sehr zu Recht – nicht auf dergleichen außerirdische Hilfen und konzentrieren ihre Plädoyers auf das von der Kammer avisierte Ergebnis. Um nicht missverstanden zu werden: Natürlich muss auch *der* Richter, der zu inflationären Hinweisen neigt, irgendwann einmal mitgeteilt haben, statt Mordes denke man an Körperverletzung mit Todesfolge. Wesentlich ist aber, dass die Beteiligten wissen, dass die Kammer nicht *auch*, sondern *allein* daran denkt. Endloses „Salbadern" über nicht erfüllte Mordmerkmale bleibt jedermann erspart. Und wer wollte ernstlich bestreiten, dass einmaliges Nachdenken über den Inhalt eines rechtlichen Hinweises arbeitsökonomischer ist als mehrmaliges?

Wen dieser Arbeitsstil allzu schlampert dünkt, der gönne sich einen Blick in die tägliche Entscheidungspraxis des *BGH*, insbesondere des 5. Senats. Was dem Revisionsgericht recht ist, sollte dem Tatrichter billig sein. Für welche Instanz waren §§ 154, 154a StPO wohl vornehmlich gedacht gewesen?

Fertig „strukturiert" verbleiben die sprichwörtlichen zwei Möglichkeiten: Entweder wird plädiert, oder es werden mehr oder weniger sinnvolle Beweisanträge gestellt. Kammermanagement erlaubt, einfach zu erfüllenden Wünschen nachzugeben, statt § 244 StPO zu strapazieren und dieses – nicht immer handlich zu führende – Schwert den wirklich verzögernden Anträgen vorzubehalten.

Ist das „Schwert" stumpf (oder der Schwertführer dumpf), verlängert sich das Verfahren. Ist dieser Umstand freilich auch nur annähernd so belastend, wie es – Stichwort „Langzeitverfahren" – dargestellt wird? Worin besteht denn die unsägliche Belastung, hängt man von Mal zu Mal eine Fortsetzungsstunde an einen parallelen Sitzungstag an, um „der Verteidigung keine revisionsrelevanten Anhalte zu liefern"?

Gut, es nervt. Verdient aber kaum die Bezeichnung als Arbeit. Andererseits betont es den Primat des Weges gegenüber dem Ziel. Und spricht damit im Sinne etlicher Betrachter für „Qualität".

8. Rechtsfindung ohne Qualifikation: Der Laienrichter

Der Strafprozess ist ein lebender Organismus, mithin einer Entwicklung unterworfen. Schnelllebig im Amtsgericht, verläuft diese Entwicklung im Landgericht (Große Kammer, Schwurgerichtskammer, Wirtschaftskammer) deutlich betulicher, gelegentlich zähflüssig. Während dieses Vorganges vermag sich kein Mitglied des Gerichts und zu keinem Zeitpunkt – zumindest vage und unterschwellig – persönlichen „Vor-Urteilen" zu entziehen: Wie würde ich urteilen, kämen keine neuen Erkenntnisse hinzu? Nicht schädlich (in Fällen „einverständlicher" Erledigung gar unvermeidlich); denn die Antwort auf diese Frage variiert – sollte das wenigstens – mit dem Fortgang der Verhandlung. Die anglo-amerikanischen Prozessordnungen verbieten den Geschworenen (in aller Regel wohl vergeblich) jedweden Austausch dieser „Vorurteile" vor Beginn der Abschlussberatung, jedweden direkten oder indirekten Versuch gegenseitiger Beeinflussung. Diese Stringenz geht dem deutschen Prozess ab. Wem allerdings das Ziel zweitrangig ist, sollte sich ihr freiwillig unterwerfen. Denn nichts – außer der Anzahl der Beteiligten – vermag eine Beratung konsequenter zu strecken als weitgehende bis völlige Unkenntnis des Standpunkts der übrigen Teilnehmer. Eine solche Situation erlaubt vertiefte Diskussionen des embryonalen Status, wenngleich das Kind – wie sich mit Glück nach zwei Stunden feststellen lässt – gerade das Abitur bestanden hat. Anders geht's auch.

Freilich nicht ohne längeren Einschub von Grundsätzlichem: Wie hältst Du's mit der Laienbeteiligung im Strafprozess? Vor einigen Jahren noch als Heilige Kuh demokratischer Justiz gehandelt, muss sich der Schöffe heute durchaus gefallen lassen – vom Panzer der „political correctness“ nicht mehr zuverlässig geschützt –, in seiner Existenz in Frage gestellt zu werden. M. E. völlig zu Recht. Besteht tatsächlich Veranlassung, im Berufsrichter den weltfremden, seinem höheren Stande (richtig lustig!) verpflichteten Paragraphenreiter zu vermuten, der dringend der Unterstützung durch gesunden und volksnahen Menschenverstand bedarf? Wohl kaum, seit auch der niedere Adel amtsrichtern darf. Oder doch – unpolemischer – seit mit der Stunde Null im Jahre 1945 gesellschaftliche Veränderungen ohnegleichen auch neues richterliches (Selbst-)Verständnis bewirkten.

Ein Blick in die „Privatstatistik“ beleuchtet die Notwendigkeit der Unterstützung durch ehrenamtliche Richter. In 35 Jahren rein richterlicher Tätigkeit mag ich an einigen 5000 amtsrichterlichen und etwa 1000 landgerichtlichen Urteilen mitgewirkt haben. In zwei Fällen entschieden Schöffen das Urteil gegen meine Vorstellungen oder beeinflussten es doch entsprechend mit:

> Der Jugendrichter schlägt seinen Schöffen einen zweiwöchigen Dauerarrest für den ersichtlich schwierig zu beeinflussenden jungen Straftäter vor. Im (Zeit-)Geist der Laissez-faire-Erziehung überstimmen ihn jene zu einigen Tagen sozialer Tätigkeit (Laubfegen...). Kaum nötig zu erwähnen, dass das missgeleitete Gesellschaftsopfer nicht fegte und daraufhin den Unterschied von Arrest und Beugearrest studieren durfte.
>
> In einem Totschlagsverfahren bezweifelt der Berichterstatter (mit vertretbaren Argumenten) die Schuld des Angeklagten. Eine Schöffin schließt sich ihm an. Drei von fünf Stimmen verfehlen das Verurteilungsquorum.

Das war’s dann aber auch. Bis auf Erinnerungen an einige hochkultivierte, kluge und anregende Menschen, denen begegnet zu sein, persönlich bereicherte, an den einen oder anderen skurrilen Zeitgenossen wie den stets übernächtigten Wirt einer linksalternativen Szenebar, der mit selbstquälerischer Pünktlichkeit und kaum erwartbarem Pragmatismus der Welt der Kriminalität (oder doch deren Aufarbeitung) begegnete, den verhinderten Astronauten im Rentenalter, den kein Mord so faszinierte wie seine – stets getragene – Uhr, die ihm jedwede nähere Weltraumzeit verriet, doch auch an eine junge Zahnärztin, die das von ihr nicht mitgetragene Urteil von ihrem zuhörenden Lebenspartner mit dem Hitlergruß kommentieren ließ. Was haben all diese unterschiedlichen Charaktere bewirkt? Persönlich manches. Fachlich nichts.

Ausnahmen zwecks Regelbestätigung? Nun gut:

Im Jugendgericht angeklagt der Fahrer eines Schulbusses für Behinderte, der sich an einem Sechsjährigen mit Down-Syndrom vergangen haben sollte. Mühevoll entlockt der Vorsitzende dem armen Kleinen das Tatgeschehen und erntet einen sarkastischen Verteidigungsantrag auf Glaubwürdigkeitsuntersuchung des Zeugen, weil „auf die Angaben eines solchen (!) Kindes kein Urteil gestützt" werden dürfe. Resignierend will der Vorsitzende den Schöffen eben diese Untersuchung vorschlagen, als die ehrenamtliche Beisitzerin sich als Sozialarbeiterin „outet", die seit 15 Jahren ausschließlich mit Kindern dieser Behinderung arbeitet. Plötzlich besitzt das Gericht „eigene Sachkunde". Und droht keine Revision, sondern allenfalls Berufung, sogar genug davon...

Im Prozess gegen die Grenztruppenführung der DDR wird die Kammer von zwei Damen leicht bis stark vorgeschrittenen Alters begleitet, die den ehemaligen Staat in voller Länge durchleben mussten und mit ihren persönlichen Erfahrungen den West-Profis mancherlei transparenter machen konnten, lag doch Ostberlin von Berlin (West) bedeutend weiter entfernt als London oder New

York. Der signifikanteste Lerneffekt freilich hätte sich für die Angeklagten ergeben können: Tägliche Dankbarkeit, westlicher Siegerjustiz überantwortet zu sein, anstatt sich der ihrer „Landsleute" stellen zu müssen.

Soviel zu effizienten Ehrenamtlichen; effizient durch Wissensvorsprung. Das Gegenteil:

> Einer der spektakulärsten Mordprozesse der letzten Jahrzehnte (Weimar/Böttcher) endet mit der Verurteilung einer Mutter zu lebenslanger Haft wegen der Ermordung ihrer beiden Töchter. Jahre später erzwingt die Verteidigung über das OLG die Wiederaufnahme des Verfahrens und erstreitet einen Freispruch. Den freilich begründet die Kammer derart exorbitant rechtsfehlerhaft, dass dem *BGH* nichts als Urteilsaufhebung verbleibt. Im dritten Durchgang wird das „Lebenslang" endgültig rechtskräftig. Schon die Presseveröffentlichungen der mündlichen Urteilsbegründung verbieten jeden Zweifel an der Schuld der Angeklagten.

Ganz offensichtlich basiert der „mittlere" Freispruch auf den Stimmen der Schöffen, es sei denn, einer der Berufsrichter war nicht nur bei der Urteilsfindung, sondern auch bei dessen Absetzung intellektuell überfordert. Sind sie deshalb kritikwürdig? *Sie* sicher nicht – niemand kann klüger entscheiden, als er ist, und das Gewissen ist bedeutsamer als der Verstand. Wohl aber: das System. Überforderte Schöffen können ein Verfahren lähmen, unsäglich verzögern, im Einzelfall – siehe vorstehendes Beispiel – 150 bis 200 sinnlose Sitzungstage verursachen, wo ohne sie 20 Tage für ein zutreffendes Ergebnis gereicht hätten. – Die Überflüssigkeit der Schöffen in Wirtschaftsverfahren von einiger Kompliziertheit bedarf keines Kommentars – kämpft auf diesem Felde doch gar mancher Berufsrichter hart mit sich und den Anforderungen.

Eine der Pflichten des Vorsitzenden ist, in seiner Kammer für die Kontinuität der Rechtsprechung zu sorgen. Gibt es diese schon nicht landesweit (DDR-abgeleitetes Neudeutsch: „In der gesamten Republik…"), ja, nicht einmal im Gericht einer einzelnen Stadt, gewinnt diese Pflicht an Vornehmheit. Freilich ist sie schwer zu erfüllen, tummeln sich unter den jährlichen Schöffenpaaren Zweiergrüppchen von jeweils Eisenfressern respektive Sozialträumern. Kann die Große Kammer jene noch problemlos in die Schranken weisen – der Amtsrichter und der „Kleinkämmerer" schon können das nicht! – gebieten diese über eine strafzumessungsrechtliche Macht des Vetos, die nicht zu brechen ist. Wäre ihr überhaupt nicht zu begegnen, wär's das mit der Kontinuität: Der schwere Raub „kostet" sechsmal acht bis zehn Jahre, beim siebenten Mal nur fünf. Und wer auch das noch als demokratische Justiz goutiert, bedenke die Folgen. Revision der Staatsanwaltschaft, Urteilsaufhebung, weil die Voraussetzungen der absoluten Mindeststrafe, für die nichts spreche, unzureichend dargelegt seien. Neuauflage. Acht Jahre.

Eine noch wesentlichere Vorsitzendenpflicht ist, blanken Schwachsinn zu verhindern:

> Zwei zur Bewährung ausgesetzte Jahre Jugendstrafe beantragt der Staatsanwalt; der Jugendrichter pflichtet dem in der Beratung bei. Mit Einschränkung die Schöffen: Bewährung ja, aber drei Jahre müssten's schon sein… Mit Engelszungen redet der – durchaus eloquente –Vorsitzende auf sie ein, verliest das Gesetz, droht gar mit einem Rechtsbeugungsverfahren. Und erntet nichts als: „Sind wir nun Richter oder nicht?"

Der eigenen Lächerlichkeit entflieht er durch 100faches Wiederholen des Ereignisses auf Fluren und in der Kantine (Bruch des Beratungsgeheimnisses in 100 Fällen?). Unsinnige Zeitverluste durch das – hoffentlich eingelegte – Rechtsmittel kann er nicht vermeiden.

Thema ist „Management“, sind die Justizressourcen. Wer sie verschleudert, mag hochqualifiziert arbeiten. Nur eben schlecht „managen“.

Wie es besser gehen könnte und fast auch stets geht, führt zum Ausgangspunkt zurück: Man nutze – dies gilt uneingeschränkt für alle länger dauernden Verfahren, mit Abstrichen für alle Prozesse mit nicht expertenorientierter Laienbeteiligung – den Tag! Den ganzen! Ungewollte Unterbrechungen sowie Regelpausen aller Art bieten Gelegenheit die Fülle, die Schöffen persönlich einzuschätzen und ihre konkreten (Zwischen-)Ansichten zum Anklagevorwurf zu eruieren. Wenn der anglo-amerikanische Anwalt es vermag, eine ganze Jury zu überzeugen (manipulieren?), ist der deutsche Richter fehl am Platze, misslingt ihm dies mit bloßen zwei Amateuren.

Da zweifelt etwa ein Schöffe beim Mittagessen an der Schuld des Angeklagten, weil er ersichtlich etwas nicht mitbekommen, nicht verstanden hat. Geduldige Erklärungen, durchaus auch zeitaufwändige – langsam essen! – verlohnen sich bei späterem Zeitgewinn durch zügige Abschlussberatung. Da zweifelt ein anderer an der Angemessenheit des (testweise!) geäußerten Strafvorschlags – so jung sei doch der Angeklagte, reuig zumal. Zum nächsten Tag die zitternde alte Dame zu laden, die sich das kriminelle Nachwuchstalent als Opfer auserwählt hatte, beendet jede Diskussion.

Da will einer überhaupt nicht strafen, weil… – und es folgt die gängige Ideologiesülze. Ein ganz leicht spöttisches Lächeln an die Adresse des zweiten Schöffen; wird es erwidert, sind alle potentiellen Schwierigkeiten behoben. Wen stört ernstlich, dass seine Mannschaft nur 4:1, nicht 5:0 gewinnt? Und es gibt den Selbstverliebten, Eitlen, der gar mit Gesetzestexten und Kommentaren seine kurze gerichtliche Karriere zu veredeln trachtet. Bedeuten Sie dem *ein*mal, wie geradezu augenöffnend sein Argument

– das seines übrigens gar nicht gewesen sein muss – dem Prozessfortgang gedient hat, und Sie haben den Beginn einer einjährigen Freundschaft besiegelt. Wichtiger noch: Die Stimme haben Sie auch.

Der Beispiele wären viele. Zu viele, sie hier aufzubröseln. Soviel nur: Effiziente Vorbereitung der Schlussberatung verlangt – nun, nicht gerade ein abgeschlossenes Psychologiestudium, wohl aber ein wenig Menschenkenntnis und das Geschick, diese einzusetzen. Den *Willen* zu solchem Einsatz sollte man voraussetzen können, den unbedingten Willen, die eigene Vorstellung von Recht und Unrecht im konkreten Falle – natürlich nach Abwägung von Gegenargumenten – den Laienrichtern „schmackhaft", im besten Falle als ihre eigene Überzeugung glaubhaft zu machen. Denn welcher Richter könnte eine Strafe vorschlagen, von deren Richtigkeit in seinem Weltbilde er nicht zu 100 Prozent überzeugt ist?! Das „Wie" erlernt sich, wie so Vieles, nicht selten über Dummheiten:

> Als junger Richter saß ich dem Schöffengericht vor, als ein knorziger alter Amtsanwalt, dem die Härten der Nachkriegszeit den Weg in die Staatsanwaltschaft verbaut hatten, für ein Bagatelldelikt eine abwegig harte Freiheitsstrafe forderte. Mit überlegen-sarkastischem Grinsen eröffnete der junge Schafskopf die Beratung mit der Frage „Na, was sagen Sie denn zum Herrn Staatsanwalt...?" – „Recht hat der", tönten unisono zwei ironieresistente Schöffen. Eine knappe Stunde kostete es mich, wenigstens noch ein halbwegs akzeptables Urteil durchzusetzen. Dergleichen übt.

Alles oder doch fast alles zuvor Gesagte freilich wird hoffnungslos relativiert, sind die Berufsrichter uneins. Natürlich gibt es keinen „Fraktionszwang" bezüglich der Schuldfrage. Gewissensentscheidungen unterliegen solchem nicht einmal im Parlament, bleiben dort allerdings seltener. *Straf*fragen indes sind *vorab* abzuklären, und der Internabstimmung unterwirft sich jeder. Auch der Vorsitzende. Und die Beratung verläuft danach – unwesentlich variierend – wie folgt:

> Berichterstatter trägt in toto vor – „Schuldinterlokut" nur in Fällen absehbar kontroverser Ansichten – und wird dabei von niemandem unterbrochen. Steht sein Vorschlag im Raum, nimmt der Vorsitzende bestätigend, unterstützend, ggf. enthusiastisch Stellung (die *Abstimmung* bestimmt den jüngsten Schöffen als Erstzubefragenden, nicht die Beratung). Der zweite Beisitzer, so vorhanden, begleitet diese Vorgänge mit zustimmender Mimik und Gestik. Bestärkende Sachargumente sind nicht untersagt. In aller Regel versiegt angesichts solcher Fronde jede potentielle ehrenamtliche Resistenz. Falls ausnahmsweise bei einem Schöffen nicht, erklärt der Vorsitzende, assistiert von beiden Beisitzern, noch einmal so bestimmt wie freundlich, das Warum des Vorschlags. Und lässt dann abstimmen.

Beratungen dieses Zuschnitts sind zeitlich recht exakt abschätzbar. Ihr Ergebnis ist vom Fach- und Sachverstand der strafrechtlichen Experten getragen, nicht dem Chaos fünf unterschiedlicher Ansichten ausgesetzt, das, wenn inhaltlich überhaupt noch zu retten, wenigstens stundenlang quälendes Gefasel zu erdulden zwingt. Mir ist stets unbegreiflich geblieben, warum sich Richter im Namen der Demokratie Einflüssen auszusetzen haben sollen, die keinem Ingenieur oder Arzt zugemutet werden. Irgendwo muss das selbst der Gesetzgeber erkannt haben: §§ 120, 122 GVG – kaum wiegt eine Tat so schwer, dass ihre Aburteilung dem Oberlandesgericht überantwortet wird, ist der Laienbeisitz entbehrlich. Weil ein Oberlandesrichter qualitativ so hoch über Landrichtern thront, dass er des gesunden Menschenverstandes nicht mehr bedarf? Oder weil er insoweit dem juristischen Laien gleichkommt?

Die vorstehenden Ausführungen zur Laiengerichtsbarkeit legen den Vorwurf nahe, das Thema – Justizmanagement mit und ohne Qualität – aus den Augen verloren zu haben. Dem ist nicht so. Mögen obige Anregungen ein längeres Strafverfahren nur marginal zu verkürzen geeignet sein – was sind sechs Stunden in 20 Sitzungstagen? –, so unterstützen sie doch die effiziente Suche nach dem richtigen Urteil. Ein solches erhöht die Wahrscheinlichkeit zügiger Rechtskraft, und diese wiederum schont justizielle Ressourcen, vermindert deren Verschleuderung. – Hinsichtlich „reiner" Zeitersparnis sei noch angefügt: Schöffen, die absehbar ihre Erstauftritte in der Verhandlung zu zelebrieren planen, gewinnen an natürlicher Zurückhaltung, erzählt man ihnen Schauergeschichten – wahre natürlich – von erfolgreich abgelehnten Ehrenämtlern, die einen längeren Prozess durch kleinste falsche Zungenschläge schmerzlich und kostenträchtig zum Platzen brachten.

Machtlos stand ein Vorsitzender freilich den Vorwürfen einer aus fremder Kammer entliehenen Beisitzerin gegenüber. Nach mehrfach zwecks Bestätigung durch die Beteiligten unterbrochenem Vortrag zu Schuld-, Rechts- und Straffragen machte er sich an die Formulierung des Tenors. „In unserer Kammer berät man die Dinge", wurde er angeraunzt, „unabhängig davon, ob man sich einig ist oder nicht." – „Qualitäts"-Management!.

Ohne dergleichen Unterstützung kann der Vorsitzende wagen, sich nach des Angeklagten Schlusswort mit dem Hinweis zurückzuziehen, das Urteil werde voraussichtlich in 30 Minuten – oder welche Zeitspanne auch immer ihm opportun erscheinen mag – verkündet werden. Die Prozessbeteiligten wissen, ob's zu mehr als einer Tasse Kaffee reicht.

9. Lange Rede, gar kein Sinn: Die mündliche Urteilsbegründung

Ist man Jugendrichter, darf man legitimerweise ein wenig ausholen; denn wo Jugendrecht zu Recht angewendet wird, wo also noch pädagogische Einflussnahme erhofft werden darf, bleibt hierfür – neben dem als „gerecht" empfundenen Erkenntnis – oft nichts als das passende Wort.

Im Übrigen ist die mündliche Urteilsbegründung umso schneller beendet, je konsequenter sich der Vorsitzende lähmender Wiederholungen enthält – Staatsanwalt, Nebenklagevertreter, Verteidiger, Berichterstatter hinter der Tür haben den Sachverhalt oder die Sachverhalte schon erschöpfend genug vorgetragen – und seine Ausführungen auf die streitigen Fakten und kontrovers gesehenen Rechtsfragen beschränkt.

„Qualität" freilich sei etwas anderes, ließ ein Kollege verlauten, dessen recht abseitiges Totschlagsurteil aufgehoben worden war und der masochistisch zusah und zuhörte, wie sein ehemaliger Angeklagter im erneuten Durchgang zu lebenslanger Haft wegen Mordes verurteilt wurde. Nur 15 Minuten mündlicher Begründung auf eine derart gravierende Sanktion zu verwenden, offenbare Verachtung der Angeklagtenbelange. – In welchem Gemütszustand hätte der sich abführen lassen, hätte der Vorsitzende zwei Stunden lang und mit viel Verständnis die traurige Tätervita rekapituliert. „Lebenslang" hätte kaum noch geschmerzt.

Andererseits – was verschlägt's?

Viel falsch machen kann der Vorsitzende hier nicht. Dauert ein Verfahren nur vier Sitzungstage an, wird selbst eine mehrstündige Begründung zur zeitlichen Petitesse. Der Inhalt ist revisionsirrelevant. Hört sich der Vorsitzende allzu gern reden, riskiert er allenfalls eine durchwachsene Pressekritik. Besser als ein unglücklicher Angeklagter.

III. Nur der Überzeugte überzeugt: Die schriftliche Urteilsbegründung

Jetzt also gilt es nur noch zu schreiben. Aber: wann? Und: wie und was?

Die gesetzlichen Vorgaben des § 275 StPO besagen wenig zum „Warum" unter Gesichtspunkten des „Managements", des Versuchs effizienter Arbeitsweise. – Der Berichterstatter erkrankte, der BE II unterwarf sich einer Fortbildungsmaßnahme, Umstände, unter denen nach schriftlich fixierter Ansicht des Vorsitzenden fristüberschreitende Urteilsabsetzung gerechtfertigt ist. So nicht, musste er sich vom *BGH*[14] belehren lassen; keine Vorschrift verbiete Vorsitzenden, das schriftliche Urteil selbst abzufassen. Das musste mal gesagt werden...

Unter Management-Gesichtspunkten ist die Entscheidung lehrreicher, als sie vordergründig scheinen mag: Gedacht als ironisch-adäquate Antwort in einem außergewöhnlich von Faulheit und Dummheit geprägten Einzelfall, erinnert sie manchen Vorsitzenden eventuell an Vorteile genereller Art, entschlösse er sich gelegentlich zu selbstlosem Sondereinsatz. Die üblichen, so manches Mal bestreitbaren, je nach Kammerzuschnitt vielleicht sogar bestrittenen Veränderungen und „Verbesserungen" gewinnen an Überzeugungskraft, sofern der Vorsitzende seinen Beisitzern zu vermitteln vermag, einen brauchbaren Urteilsentwurf notfalls selbst und ab ovo erstellen zu können.

Die Kammer, die nach über 65 Sitzungstagen in der Fristberechnung zur Urteilsabsetzung den Vorgaben

---

[14] NStZ 1999, 474.

eines Landrichters folgt, der per Aufsatz seine Wissenschaftlichkeit getestet hatte,[15] bewegt sich bereits tief im „Qualitätsmanagement". Meinte doch der *BGH* anordnen zu müssen, dass der Weg sorgfältigster Sachaufklärung ein zweites Mal zu beschreiten ist; denn folge man dem Gesetz eher als jenem Amateur-Wissenschaftler, sei die Absetzungsfrist um etliche Tage überschritten.[16]

Was den Grundsatz des „Wann" berührt. Das Gesetz spricht nur vom spätesten „Wann"; Management sollte nach dem frühesten fragen. Am Tag darauf? Verboten ist das nicht. Der Vorteil frischer Erinnerung ohne viel Anlass zum Nachblättern in Akten und Aufzeichnungen steht dem Nachteil gegenüber, ggf. Beweis würdigen zu müssen, was sich nach einer Woche des Zuwartens und kollektiven Schweigens erübrigen würde. Vorteil und Nachteil relativieren sich freilich schon in allen Fällen voll anklagegemäßer Geständnisse: Allein ein zusätzlicher Satz im Lebenslauf, ein vertiefender Schlenker zur Strafzumessung unterscheiden hier die vollständige von der abgekürzten Fassung. Es sei denn, man versteht weitgehende oder gar allseitige Urteilsakzeptanz als Lizenz zur Schlamperei (aus Management-Gesichtspunkten nachvollziehbar, aus Gründen der Eitelkeit – auch Selbstachtung genannt – nicht unproblematisch). Jedenfalls gilt: Der Entwurf sollte den Mitunterzeichnern wenigstens eine Woche zur Überarbeitung belassen werden, steigt doch dem Vernehmen nach die Zahl der Richter, die nicht nur wissen wollen, *wo*, sondern auch noch, *was* sie unterschreiben. Verlorene Zeit, mag erinnert werden, ist nicht nur die eigene, sondern auch die der Rechtsmittelinstanz und die der Kollegen, die's nochmal versuchen dürfen.

---

15 *Löffler*, NStZ 1987, 318.

16 *BGH* NStZ 1990, 229.

Unfair wäre wohl, die Leistung eines überdurchschnittlich begabten Berichterstatters zum Allgemein-Maßstab zu erheben, der ein 120seitiges Grundsatzurteil zur DDR-Regierungskriminalität, erarbeitet in 40 Sitzungstagen, nach vier Wochen und zu keinerlei Korrekturen Anlass gebend, ablieferte. Freilich hätte auch der das nicht ganz ohne „Management" vermocht. Während des laufenden Prozesses waren Teile des Entwurfs selbstverständlich – selbstverständlich? – vor-"entworfen" worden. Womit er den Antrag an die Verwaltung vermied, ihn zwecks Absetzung eines „qualitäts"-geladenen Urteilsentwurfs für Monate von allen anderen Tätigkeiten freizustellen.

Wie und was wird geschrieben – *sollte* geschrieben werden? Nun, wer irgend etwas anderes verfasst als ein intimes Tagebuch, vernachlässige nicht völlig die Wirkung seines Werks auf potentielle Leser. *Wer* liest mich? Und was macht dieser Leser mit dem Gelesenen?

Der Amtsrichter – nahezu ausschließlich der Berufung ausgesetzt – hat es hier relativ leicht und sollte es sich genauso machen, will er die Quantität bewältigen, die anders als im Landgericht nicht nur eine gefühlte ist. Was er in's Urteil schreibt und wie er das formuliert, bleibt weitestgehend irrelevant. Die Berufungsinstanz goutiert sein Ergebnis oder ändert es ab. Und dies gewiss völlig unabhängig von der wissenschaftlichen oder literarischen Qualität schriftlicher Urteilsgründe. Freilich wird des Amtsrichters geistige Leistung in zweiter Instanz verlesen. Sensible Naturen mögen Bedacht nehmen, sich dadurch nicht kollegialem Spott, gar dem von Anwälten und Zuhörern auszusetzen. Schaden täte auch dies allerdings nicht, und so judiziert denn mancher „Vorderrichter" auch sprachlich recht ungebunden vor sich hin bis zur der Beweiswürdigung:

„A und B behaupten, zur Tatzeit mit dem Angeklagten Skat gespielt zu haben, wissen aber nicht mal, was ein

Grand ist. Da kann man nur sagen: Ha, ha!" – Im Berufungsurteil mag sich das dann so lesen: „Die Versuche der Freunde des Angeklagten, ihm ein Alibi mit der Behauptung zu verschaffen, sie hätten zur Tatzeit mit ihm Skat gespielt, scheiterten. Gezielte Fragen des sachkundigen ehrenamtlichen Beisitzers, der seit Jahren Vorsitzender eines Skatvereins ist, ergaben, dass die Zeugen A und B selbst elementarer Regeln dieses Spiels unkundig sind." – Worin liegt der Unterschied? In der – rein akademischen – Revisions-"Sicherheit".

Die Urteile des Jugendrichters, sehr gelegentlich auch die des allgemeinen Amtsrichters, mögen vom Bewährungshelfer gelesen und im günstigsten Falle beachtet, gar befolgt werden. Hier darf der Richter mithin seinem pädagogischen Affen Zucker geben, „Qualitäts"-Management und Management gleichermaßen bedienen. Schöne Einheit.

Droht allein die Revision, sollte der Richter seine Leser kennen – wie es im Übrigen Grundregel effizienten Managements ist zu wissen, mit wem (oder gegen wen?) man spielt.

Vor Jahrzehnten – na, vielleicht vor nicht gar so langer Zeit – sprach ein Amtsrichter einen Strolch frei, der angeklagt worden war, die Werkstoilette mit ausländerfeindlichen Sprüchen verschmiert zu haben. Freispruch warum? Nun, ist leichter zu begründen. Nach mehrtägiger Verhandlung befand die Berufungsinstanz den Mann schuldig, weil durch Schriftvergleiche und Abdrücke seiner Schuhsohlen auf dem Klodeckel überführt. Auf seine Revision beantragte die Staatsanwaltschaft erfolgreich die Urteilsaufhebung, weil das Gericht weder Abdrücke noch Fotos der Schriftproben in Augenschein genommen, sondern sich insoweit auf die Angaben des Sachverständigen verlassen habe. Dem folgte der Senat unter dem Hinweis, der Entscheid beruhe auf der in der Lehre vertretenen Mindermeinung. Allerdings der richtigen.

Man vergegenwärtige: Staatsanwaltschaft klagt an und rügt den faulen Freispruch, erhält antragsgemäßes Urteil in zweiter Instanz, revidiert auch nicht, verfolgt dann aber unter Berufung auf eine Mindermeinung Urteilsaufhebung und gewinnt wieder – freilich in Gegenrichtung und mit guter Chance auf etliche weitere Instanzen. Und elitär „vergessen" OLG und seine Staatsanwälte, wie Sachverständige ihre Fotofolgen im Gerichtssaal zu präsentieren pflegen: Mit kaum gebremstem Stolz treten sie an den Richtertisch und deuten bei jedem Satz auf das ihre Ausführungen unterstützende Bild. Was den Richter entweder „augenscheinlich" überzeugt oder zu Nachfragen animiert.

Wie dem auch sei: Wer solcher Revisionsinstanz ausgesetzt ist, mag bezüglich Urteilsfassungen jedes „Management" ignorieren. Was er schreibt, bleibt sich so gleich, wie welche Zahlen er in Lotto ankreuzt. Die Gewinnchancen mögen allenfalls etwas höher sein.

Leben die Großen Kammern komfortabler? Kontrollinstanz sind auch die Bundesrichter; auch sie werden vordringlich beachten wollen und müssen, dass kein Mensch materiell „falsch" verurteilt wird, etwa wegen Mordes statt wegen fahrlässiger Tötung, dass niemand absolut (§ 338 StPO) oder relativ (§ 337 StPO) bedenklichem gerichtlichem Procedere ausgesetzt war, kurz: dass die Prinzipien des fair trial eingehalten wurden. Schön und gut; aber gibt es noch mehr? Was primär würde ein „normaler Mensch" gern in einem Strafurteil reflektiert sehen? Und darf man sich so arrivierte Kollegen als „normal" vorstellen?

Antwort „zwei" – man darf! Gelb vor Neid vergleicht oben gequälter Kleinkämmerer *BGH* 5 StR 136/06 zu sinnlosen Augenscheinseinnahmen!

Und Antwort „eins"? Dass ein Mensch *zu Recht* als schuldig befunden und angemessen, sprich „gerecht" bestraft respektive wegen unüberwindlicher, weil *vernünftiger* Zweifel freigesprochen worden ist.

Gebricht es dem Urteil an dieser Voraussetzung, wird des Bundesrichters gesetzlich vorgeschriebener Kontrollblick einen bösen Ausdruck annehmen. Erfüllt es die Voraussetzung, wird der Bundesrichter – jedenfalls so er einstmals tatrichterlich üben durfte – weiser Nachsicht zuneigen, wo lässliche Rechtssünden das Gesamtbild ein wenig trüben mögen. Inhaltlich sollten mündliche, schriftliche und wirkliche Urteilsgründe entgegen dem alten Justizzynismus identisch sein. Sind sie es nicht, wird das materiell „falsche" Urteil nur sehr schwer „richtig" zu schreiben sein. Schmerzlich allerdings liest sich fortlaufend, wie viele „richtige" Urteile „falsch" geschrieben werden.

Treffendes Urteil – hinkendes Urteil: Zunächst einmal muss es überhaupt lesbar sein. Jedermann wäre vergrämt, konfrontierte man ihn mit 500 absatzlosen und auch im Übrigen unstrukturierten Seiten. Bundesrichterlichem Unmut insoweit vorzubeugen, empfahl mir einer der Roten Roben vor Zeiten, dem Beispiel landgerichtlicher Kollegen zu folgen, die ihrem 130seitigen Urteil eine 20seitige Zusammenfassung vorangestellt hatten. So, meinte er völlig zu Recht, gewinne die Revisionsinstanz den Überblick einfacher und schneller. Ich folgte dem Rat dennoch nicht. Denn die als Einleitung gedachte Kurzfassung hätte nach meinem Dafürhalten einigermaßen zwanglos auch als Endfassung dienen können.

Ein so schwer wie unstreitig geisteskranker Mörder wird in die Psychiatrie eingewiesen. Das Urteil wird auf viereinhalb Seiten schriftlich – in der Tat: recht knapp – begründet. Nach Jahren stellt der Untergebrachte den Antrag auf – externe – Neubegutachtung. Der Sachverständige erklärt missmutig, er neige nicht zu langen Expertisen, mache davon jedoch im konkreten Fall eine Ausnahme wegen der seinerzeitigen „skandalös kurzen" Urteilsbegründung. Und kommt nach 125 Seiten zu dem Resumé, der Zustand des Untergebrachten habe sich nicht verändert, „jedenfalls nicht zum Besseren". – Gut, dass wir mal drüber geredet haben…

Ein mit lebenslanger Freiheitsstrafe gesühnter Mord im Milieu vietnamesischer Zigarettenschieber wird auf elf Seiten erschöpfend begründet: eine Seite „Lebenslauf", zwei Seiten Tatbeschreibung nebst Vor- und Nachtatgeschehen, sechseinhalb Seiten Würdigung nicht unproblematischer Zeugenaussagen in Gegenüberstellung mit objektiv feststellbaren Indizien, eineinhalb Seiten Rechtswürdigung, Strafzumessung und Nebenentscheidungen. – Revision. Verwerfung „o. u." [17]. Hat sich ersichtlich eingängig lesen lassen. Warum?

Die Kürze allein garantiert das Wohlwollen des *BGH* gewiss nicht. Sie muss vielmehr darauf beruhen, das Unwesentliche ungesagt gelassen, mit ihm das Wesentliche nicht vernebelt zu haben. Was ist unwesentlich, was wesentlich?

Je höher die Strafe, desto länger der vorangestellte persönliche Werdegang des Täters – so die offenbare Maxime der meisten Urteile (nicht nur des Landgerichts). Wirkt auch so schön fleißig. Wenn es aber, wie unstreitig, keine „Lebensführungsschuld" gibt, die dem Angeklagten strafschärfend zugerechnet werden dürfte, kann die Erörterung seiner vergangenen und gegenwärtigen persönlichen Verhältnisse nur der Feststellung von Fakten und Umständen dienen, die seine Tat in milderem Licht erscheinen lassen – „verständlicher machen" – oder eben der Erkenntnis, dass sich dergleichen nicht finden lässt. Warum beschränken sich „Lebensläufe" in Urteilen mithin nicht auf diese Kriterien, besser: auf dieses Kriterium? Dass jemand dreimal verheiratet war und sieben Kinder zeugte, kann von Relevanz sein, wenn der Angeklagte sich dem Vorwurf der gefährlichen Körperverletzung seiner dritten Frau ausgesetzt sieht, obgleich er

---

[17] Offensichtlich unbegründet, vgl. § 349 Abs. 2 StPO.

nachweislich die ersten beiden sowie sämtliche Kinder stets voller Zärtlichkeit behandelt hatte. Den gleichen Fakten fehlt jede Signifikanz, ist er angeklagt, schwer angetrunken einen Saufkumpan heimtückisch erstochen zu haben. Mag ein von Schicksalsschlägen geprägtes Leben dem Bankräuber noch acht statt zehn Jahre Freiheitsstrafe bescheren, so bleibt, verwirklicht der Täter drei Mordmerkmale, völlig irrelevant, ob er im Waisenhaus geschlagen oder in der Dahlemer Villa verwöhnt worden war.

Vorstrafen – Teil der persönlichen Verhältnisse und was für einer – sind inhaltlich unter verkürzter Wiedergabe ihres Sachverhalts darzulegen, sofern sie indizielle (immer gleicher modus operandi) oder strafzumessungsrechtliche (stets ähnliche Delikte) Konsequenzen auszulösen geeignet sind. Die jeweiligen Sanktionen vergangener Tage – weniger die Tatumstände – interessieren brennend, gilt es, weil wenig resozialisierungsträchtig, die fünfte Strafaussetzung hintereinander zu meiden. Was der heutige Vergewaltiger bei 13 Gelegenheiten in Supermärkten hat unbezahlt mitgehen lassen, fasziniert dagegen nicht mehr als die entsprechenden „Wanns", „Wos" und „Warums". Die pauschale Angabe, der Angeklagte sei 13mal wegen Diebstahls vorbestraft, reicht, um ihn, fällt die neue Strafe drastisch aus, als schlimmen Finger vorzustellen. Wird er heute auffällig moderat sanktioniert, nenne man die Diebstähle „Bagatelltaten"...

Sich Fragen dieser Art vor Niederschrift jeden „Lebenslaufes" zu stellen, erspart *Schreib*arbeit. Auch *Arbeit*? Konzentration *ist* Arbeit.

Für die Schilderung des Sachverhalts gilt grundsätzlich nichts anderes. Tötet jemand aus der Laune des Augenblicks, ist sein Alkoholkonsum von Interesse, nicht aber, wie er die Tage und Wochen vor der Tat ausgefüllt hat. Und was er nach der Tat getrieben hat, nur, soweit es Rückschlüsse auf Verschuldensgrad und/oder Motiv erlaubt. Mordet er aus Eifersucht, ist – in der Regel – der Alkoholkonsum nachrangig, die persönlichen Beziehungen und Interaktionen der Beteiligten dagegen von höchster Relevanz. Ist *diese* Eifersucht niedrig? (Oder kann der Richter sie nachfühlen...?) Ob der Täter sein Opfer mit rechter oder linker Hand erstochen hat, interessiert nur, sofern davon die Schuldfeststellung abhängt. Ein Mordmerkmal erfüllt ohne weiteres keine der Hände.

Sprachlich überzeugt in der Sachverhaltsschilderung lebendige, nicht nur im Schwurgerichtsurteil blutvolle – sprich: normale – Wortwahl. Wie erzählt der Richter sein Tagwerk daheim?

> „Der Angeklagte stach unter Benutzung eines Messers mit 8,5 cm Klingenlänge mit bedingtem Tötungsvorsatz auf sein Opfer ein...“? Der Lebenspartner würde kommentarlos den Fernseher einschalten; denn so redet kein halbwegs unverbogener Mensch. Warum dann oft die verbogene Schreibe? „Nach dieser Bemerkung des X rastete der Angeklagte aus: blindwütig stach er fünf-, sechsmal auf sein Opfer ein, traf wahllos Hals, Schulter, Brust des Beleidigers – ‚mir war scheißegal, was dem passierte...‘ – und trat X, als der schreiend zu Boden fiel, mit aller Kraft ins Gesicht.“ – Da hört Madame schon eher zu.

Ob danach in der rechtlichen Würdigung ausführlich referiert wird, was seit Jahrzehnten unter bedingtem Vorsatz zu verstehen ist, bleibt sich gleich. Der *BGH* kapiert's auch so. Und amüsiert sich nicht über Formulierungen wie im Urteil gegen einen Serieneinbrecher, das einige 50 Male die erhellende subjektive Erklärung wiederholte, er habe die Beute „für sich behalten“ wollen. Kein Altruist.

Die Beweiswürdigung (häufig nichts als Würdigung der Glaubhaftigkeit eines Geständnisses) sollte das Spielfeld der ehrenamtlichen Richter, der „Vernünftigen“, der „Normalen“ sein. Hier können sie ein wenig mitreden. Sollten es können. Und der Berufsrichter sollte mit den Maßstäben vernünftiger, intelligenter Laien messen. Eine Unzahl von höchstrichterlichen Urteilen warnt (etwa) vor der „Überdehnung" der Überzeugungskriterien. Der unsinnige Freispruch des halbnackt neben seinem Opfer gefassten Vergewaltigers ist nichts als die Spitze des Eisbergs, des Eisbergs aus dümmlichen Revisionsängsten. Warum dem Richter ein Zeuge „gefällt" oder „missfällt" möchten die ohne persönliche Eindrücke judizierenden Kollegen der Revisionsinstanz wissen. Ihnen dies Verständnis zu vermitteln durch ebenso lebendige wie lebensnahe Darstellung der Zeugen und ihrer Aussagen – gern plastisch unterlegt mit wörtlichen Zitaten des Aussagenden –, ist Pflicht, liegt im beiderseitigen Interesse. Die „Teilglaubhaftigkeit" einer Aussage, sei es die eines Zeugen, sei es die des Angeklagten, bedarf intensivster Erörterung, weil sie dem ersten Anschein zuwiderläuft („Wer einmal lügt…"), ohne deshalb notwendig abgelehnt werden zu müssen. Ähnliches gilt für plötzlich einschränkende oder gar widerrufene Angaben. Der Zeuge kann verängstigt, kann bedroht sein (oder, was kaum einen Unterschied machte, sich wenigstens so fühlen). Das Beweismosaik, das den Angeklagten durch zehn im einzelnen mehr oder weniger leicht zu entkräftende Indizien zu überführen geeignet ist, will, soll es überzeugen, sprachlich zelebriert werden.

Management-Gesichtspunkte kommen erst eigentlich zum Tragen, sobald es nicht um die Glaubhaftigkeit einer Aussage, sondern um die Glaubwürdigkeit des Aussagenden geht. Endlose ermüdende Ausführungen zu diesem Bereich füllen scheinbar tiefschürfende Urteilstexte, bei deren Lektüre man sich kopfschüttelnd fragt, wen dergleichen wohl interessieren mag. Denn Glaubwürdigkeit ist nicht mehr als ein Indiz (zumeist eines von recht vielen) für die allein urteilsrelevante Glaubhaftigkeit der Aussage des mehr oder weniger Glaubwürdigen. Sich dieser entsetzlich elementaren Feststellung nicht zu verschließen, mindert nicht nur den Geschwätzigkeitsfaktor eines Urteils, es hat – hätte sollen? – bereits die Beweisaufnahme sichtbar verkürzt; denn diese Erkenntnis erledigt alle gegen die Glaubwürdigkeit eines Zeugen gerichteten, bei Anwälten höchst beliebten Beweisanträge, sofern der Kammer hinreichend Anhaltspunkte für die Richtigkeit von dessen Aussagen vorliegen. *Sichere* Feststellungen zur Glaubhaftigkeit der Aussagen eines Kindes oder eines mental beeinträchtigten Menschen machen sogar den in solchen Fällen stereotyp begehrten Glaubwürdigkeitsgutachter obsolet (siehe oben unter II. 6).

Ist es ersichtlich albern, Glaubwürdigkeitsfragen bezüglich Zeugen aufzuwerfen, die offenkundig kein Interesse am Verfahrensausgang haben körnen – „PM Müller hat bestätigt, die Fingerabdruckspuren gesichert zu haben. Er war glaubwürdig; denn er arbeitet bereits seit 20 Jahren beanstandungslos im Polizeidienst" – gilt das Gesagte selbst in jenen kritischen Fällen, in denen „Aussage gegen Aussage" steht: Die drogensüchtige Prostituierte mag kein Muster an Ehrlichkeit sein, der Pfarrerssohn Klassensprecher. Gibt es tragende tatsächliche Anhaltspunkte für ihre Beschuldigung, von ihm vergewaltigt worden zu sein, bleiben ihre charakterlichen Schwächen so bedeutungslos wie seine sozialen Verdienste. Allein, wenn jede nachvollziehbare Glaubhaftigkeitsanalyse versagt, rechtfertigt sich das – so oft leichtfertig missbrauchte – Fazit: „Auf solchen Zeugen stützt die Kammer keine Verurteilung."

Wie richterliche Überzeugung zustande kommt, bleibt Verteidigern des Öfteren anscheinend rätselhaft. Was sie veranlasst, § 261 StPO zu bemühen, um den *BGH* – in aller Regel wenig erfolgreich – ins Grübeln zu bringen. Verteidiger müssen indes auch nicht unbedingt überzeugt werden (so schön es ist, wenn's denn gelingt), sondern man selbst. Von Zeit zu Zeit aber ergeben sich Konstellationen, in denen der „Bauch" auf „schuldig" plädiert, während der Kopf sich zurückhält. Was dann? Im Selbstversuch getestet, jungen Kollegen empfohlen: das fragliche Stück Beweiswürdigung niederschreiben, ehe man sich verbal aus dem Fenster hängt. „Liest es sich", lässt es sich als Überzeugung auch nach außen vermitteln. Wenn nicht: Freispruch. Freisprüche sind materiell nahezu stets Fehlurteile; eines mehr oder weniger belastet die Justiz – und, viel wichtiger: mich – nur marginal. Wie aber lebte es sich mit dem Gegenteil? Ich hab's nie versucht.

Kleine Ergänzung zur Kurzfassung. Einige Einlassungen – von Angeklagten und von Zeugen – widerlegen sich per immanenter Unsinnigkeit selbst. Dann genügt, sie zu referieren. Jeder Versuch, sie zu „würdigen", ehrte sie unverdienter Maßen.

Die Würdigung der Beweise führt zu Freispruch oder Verurteilung. Bei jenem ist nicht nur erlaubt, sondern regelmäßig unvermeidbar, sich in Vermutungen, Zweifeln, Unsicherheiten zu bewegen. Wird verurteilt, ist jeder freilich sprachlich auch nur angedeutet bestehen bleibende Zweifel urteilsvernichtend. Und das zu Recht! Wie soll das Revisionsgericht überzeugt sein, der Tatrichter sei von des Angeklagten Schuld überzeugt, wenn dieser selbst anscheinend nicht restlos überzeugt durch seine Beweise mäandert? Gelegentlich mag ein solcher Eindruck darauf beruhen, dass sich – sehr junge? – Richter bemüßigt fühlen, fairer Weise auf anfängliche Unsicherheiten in der Einschätzung der Beweislage hinzuweisen. Weil man erst mit der Urteilsverkündung überzeugt sein muss – dann freilich uneingeschränkt –, sollte man, einmal mehr, nur über das reden, was man „muss". Der Proberichter, der Kollegen verquält seine Hoffnung mitteilte, die Berufungsinstanz möge sein Urteil korrigieren, entschied sich im eigenen wie im Justizinteresse für die zivilistische Laufbahn.

*Rechts*würdigung – Rechts*würdigung…*? Der Tatrichter, der dem *BGH* wortreich erklärt, warum sein festgestellter Sachverhalt den Tatbestand des Computerbetruges erfüllt, verschwendet Papier. Und seine Zeit. Die bloße Behauptung, der Angeklagte habe sich gemäß § 263a StGB (oder: „wie tenoriert") schuldig gemacht, führt zu identischem Ergebnis. Trägt der Sachverhalt – in den Augen der Revisionsinstanz! – die Verurteilung, wird sie bestätigt. Wenn nicht, dann nicht. Und alle „Rechtswürdigung" durch den Tatrichter ist Makulatur. Bis auf die zahlreichen Fälle natürlich, in denen der *BGH*, belehrt durch die rechtsfortbildende Kammer, seine Rechtsprechung revidiert. Glückauf!

Rechtsausführungen in durchaus behauptender Kürze bleiben lediglich sinnvoll, wenn es gilt, den *BGH* an dem Argument zu hindern, der Vorderrichter habe, weil gar nicht erwähnt, möglicherweise etwas übersehen und hätte möglicherweise anders entschieden, hätte er es eben nicht übersehen. Bei völlig eindeutigen Sachverhalten erübrigt sich selbst dies. Indes: Was ist schon *völlig* eindeutig? Voller Mehrdeutigkeiten stecken alle gummiartig dehnbaren Begriffe – durch höchstrichterliche Rechtsprechung regelmäßig gummiartig interpretiert – wie etwa der „minderschwere Fall". Gelegentlich sind seine Kriterien überdeutlich gegeben oder ebenso ersichtlich gerade nicht. Einfache Übung. Die Mehrheit einschlägiger Fälle indes sind „minderschwere" mit massiven Strafschärfungstendenzen oder „normale" voller Milderungskomponenten. Nun wird das Gericht stets das Tatbild und seinen Verursacher betrachten und sich danach eine Strafe „vorstellen", nicht darauf warten, dass das Gesetz nach geduldigem und gewissenhaftem Abhaken aller „für und gegen den Angeklagten sprechenden Umstände" eine solche ausspuckt.

Sagen wir, die Vorstellung läuft auf sechs Jahre für den schweren Raub gemäß § 250 Abs. 1 StGB (unter Berücksichtigung von...) hinaus. Der Staatsanwalt hat neun Jahre gefordert, der Verteidiger zwei zur Bewährung ausgesetzte. Ersichtlich wird der Angeklagte das Urteil eher angreifen als der Anwalt des Staates. Also liegt ein minderschwerer Fall mit etlichen beträchtlich strafschärfenden Extras vor. Hat der Verteidiger angedeutet, mit fünf Jahren „leben zu können", der Staatsanwalt indes 12 Jahre beantragt, droht der Angriff also von seiner Seite, fehlen die Kriterien des minderschweren Falles trotz aller evidenter Milderungsgesichtspunkte. Denn: Rechtsbegriffe sind justiziabel; einige Jahre mehr oder weniger nur sehr eingeschränkt und ausnahmsweise.

In diesen Zusammenhang gehört die weitverbreitete Ungeschicklichkeit, Strafrahmenverschiebungen zu beziffern. Judex non calculat! „... hat die Kammer den Strafrahmen gemäß ... zugunsten des Angeklagten verschoben...“ ist kürzer, sicherer, besser. Letzteres freilich nur, wenn die gefundene Strafe wenigstens in den neuen Rahmen hineinpasst. Denn Bundesrichter halten sich nicht an Sprichwörter – *die* rechnen nach.

Alles Vorstehende hat vor langer Zeit ein Senatspräsident des *BGH* (*Sarstedt*) vor Tatrichtern unvergleichlich prägnanter formuliert: „Meine Damen und Herren, lösen Sie Ihre Fälle im Tatsächlichen!“ In der Vorbereitung, in der Hauptverhandlung. Bei Absetzung des schriftlichen Urteils.

Wiedergabe und Würdigung von Sachverständigengutachten birgt die eminente Gefahr, richterliches Unverständnis zu decouvrieren, dies wenigstens so erscheinen zu lassen, und damit dem Erkenntnis in einem zentralen Punkte jede Überzeugungskraft zu rauben. Der Stereotypsatz (nach Abbetung des Gutachteninhalts), die Kammer habe sich dem Gutachter nach „sorgfältiger Prüfung“ angeschlossen, sich danach gar seine Ergebnisse „zu eigen“ gemacht, füllt das Urteil nicht über Gebühr, sofern im Anschluss dargelegt wird, nach welchen Kriterien die „sorgfältige Prüfung“ vorgenommen wurde. Geschieht dies, war er freilich einigermaßen überflüssig. Bleibt die Phrase dagegen unergänzt, wird erfahrungsgemäß der *BGH* sehr stark zu „Ergänzungen“ der unangenehmen Art neigen.

Vielmehr: Oben unter II. 6 ist geschildert, *was* den Richter vom Gutachten vernünftigerweise überzeugt sein ließ – nicht akademischer Schnickschnack, sondern die Kongruenz von Expertenbehauptung und „Laien“-Eindruck. Im schriftlichen Urteil gilt es, diesen Vorgang transparent zu machen, einem Dritten (der Oberinstanz) überzeugend zu vermitteln, warum ein „Zweiter“ (der Gutachter) mich (den Tatrichter) überzeugt hat. Wiedergabe des Gutachteninhalts mit *eigenen* Worten, „Würdigung“ unter Hinweis auf eigene Prozessbeobachtungen und Überlegungen wirkt authentisch. *Ist* eben authentisch. Ob der Angeklagte als hysterisch oder histrionisch klassifiziert wird, bleibt irrelevant, sofern sein Auftreten so plastisch geschildert wird, dass auch der Revisionsrichter die mentalen Schwächen des Revidenten klar vor Augen hat. Denn dann erkennt er, dass der Tatrichter hinter dem Gutachten steht, weil er es *verstanden* hat. Keine ganz unwesentliche Voraussetzung

Der strafzumessungsrechtliche Teil des Urteils (Maßnahmen eingeschlossen) ist häufigstes Opfer höchstrichterlicher Missbilligung. Nicht *so* schlimm, denkt man zu Recht, führt ein falscher Zungenschlag zur Aufhebung der Rechtsfolgen, merkt der *BGH* in oder zwischen den Zeilen regelmäßig seine Wünsche an, und die neuberufene Kammer bedarf gerade einer zusätzlichen Stunde. Trotzdem: Der Katalog der Fallstricke ist erlernbar. Und ein Blick in § 267 Abs. 3 Satz 1 StPO verrät sogar einen eher seltenen Hang des Gesetzgebers zu schlichtem Management: *Bestimmende* Strafzumessungsfaktoren bedürfen der Erwähnung. Sonst nichts.

Der Oberlehrer bedarf dringend der Auflockerung durch's wahre Leben. Jeder Teilbereich des schriftlichen Urteils birgt Aufhebungspotential. Ja, selbst der „Lebenslauf“:

> Da beantragt der Staatsanwalt gegen einen Kindesmisshandler drei Jahre Freiheitsstrafe, die Kammer bevorzugt zehn. Das weckt beim *BGH* die Neugier: Vertrat ein Anfänger den Staat? Bestand die Kammer aus Eisenfressern? Unaufklärbar in der Revisionsinstanz. Also erfolgte Aufhebung wegen eines unverzeihlichen Widerspruchs. Auf Seite 15 UA (innerhalb der persönlichen Verhältnisse...!) habe es geheißen, der Angeklagte habe das Kind von jedem sozialen Kontakt abgeschnitten, auf Seite 72 UA (Tatschilderung...!) werde dagegen eingeräumt, das Mäd-

chen habe sich bei einer im Hause wohnhaften Freundin ausgeweint... Si tacuisses!

Ein Beispiel, das – wie so viele – zugleich vor unziemlichen Längen warnt: Widersprüche in eigener Produktion bleiben auf 20 Seiten leichter erkennbar denn auf 50; von 120 ganz zu schweigen. Und auf die Gnadenentscheidung aus § 354 Abs. 1 StPO (oder heute auch § 354 Abs. 1a Satz 1 StPO) ist sicherer Verlass nicht. – Der „Lebenslauf" sollte auch im Übrigen zum Rest des Urteils passen, keinen strukturellen Widerspruch dazu bilden. – Für einige Betrugsfälle mit einem Gesamtschaden von 100.000 Euro acht Jahre Freiheitsstrafe zu verhängen – Wirtschaftkammern stellen dergleichen eher ein –, mit 14 Jahren den Totschlags-Strafrahmen nahezu auszuschöpfen, macht die Revisionsrichter per se stutzig. Ebenso wie eine Bewährungsstrafe fürs gleiche Delikt. Umso betroffener wird an höchster Stelle reagiert, fehlt zwischen Lebenslaufschilderung und Strafzumessung die Kongruenz; will heißen: die persönlichen Verhältnisse des erstgenannten Betrügers wie die des „14jährigen" Totschlägers dürfen sich nicht lesen, als hätte sie ein gutmenschelnder Sozialarbeiter mit 68er Herzblut geschrieben. Dem anderen Totschläger freilich, dem, von dem man eine totschlagsfreie Zukunft erhofft, sollten verbale Streicheleinheiten von Urteilsbeginn an zuteil werden. Manipulation? Durchaus nicht! Denn in extrem schlechtem oder gutem Lichte müssen alle doch der Kammer erschienen sein – hätte sie sonst zu „extremen" Sühnemaßnahmen gegriffen? Kongruenz aller Urteilsteile, soweit sie aufeinander beruhen, ist nichts als verdeutlichte Ehrlichkeit. Und selbst bloße Verdachtsmomente „lebensläufig" zu verarbeiten, um im Strafzumessungsteil anzumerken, man habe diese mangels sicherer Verifizierung nicht in die Strafbemessung einfließen lassen, dient eher lebensnaher Berichterstattung denn verwerflicher Diskriminierung des Angeklagten.

Eine Art „salvatorischer Klausel" also. Und die hat ihren Platz überall im Urteil.

Beweiswürdigung:

> Zu Zeiten, als es DNA-Untersuchungen bereits gab, diese höchstrichterlich indes noch nicht abgesegnet waren, ließ sich eine Kammer – nicht ganz ungern – vom Verteidiger zu einer derartigen Untersuchung drängen. Hätte doch auch die Ablehnung Revisionsgefahren geborgen. Das Ergebnis war für den Angeklagten vernichtend. Also referierte das Urteil dieses, fügte aber an, es sei für die Entscheidung der Kammer angesichts der sonstigen Beweisergebnisse ohne Belang gewesen (was für alle Kammermitglieder mit Ausnahme des Vorsitzenden sogar der Wahrheit entsprach...). Der *BGH* wusste nun um die fraglose Schuld des Angeklagten, hätte aber das Urteil auch dann – und vermutlich gern –bestätigen müssen, hätten die üblichen grund- und menschenrechtlichen Bedenkenträger DNA-Tests in ihren Giftkatalog aufgenommen.

Rechtswürdigung:

> Bei der Urteilsabsetzung bemerkt die Kammer, dass lebenslange Gesamtfreiheitsstrafe wegen zweier Anstiftungen zum Mord in zwei Fällen besser als „eine'„ bezeichnet worden wäre, gab's doch zwar zwei Morde, jedoch nur eine Anstiftungshandlung. „Wackelt" deshalb die „besondere Schwere der Schuld"? Nicht, wenn hinzugefügt wird, man sehe diese unabhängig von möglicherweise streitigen Konkurrenzfragen begründet, weil... Eine Tenorkorrektur war alles, wozu der *BGH* sich veranlasst sah.

Schweigen zu prekären Rechtsfragen, wo Reden entbehrlich ist, sichert ab, wirkt – auch – salvatorisch:

> Ein Angeklagter verwirklicht zwei Mordmerkmale. Zudem trennt er den Kopf des Opfers mit einem Küchen-

messer ab zum Zwecke gesonderter Bestattung, sprich Erschwerung der Identifizierung. Drittes Merkmal? Zur Ermöglichung einer Straftat? Straftat der Störung der Totenruhe? Wer versteht davon schon was? Also wird die Kopfentsorgung genüsslich geschildert, § 168 StGB aber offengelassen. Hätte man ihn bejaht und wäre damit beim *BGH* gescheitert, hätte dies die lebenslange Freiheitsstrafe nicht tangieren können, wohl aber die Feststellung der besonderen Schuldschwere nach dem *BGH*-Motto „... vielleicht hätte die Kammer nicht..., hätte sie nicht irrig ein drittes Mordmerkmal festgestellt... nicht wahrscheinlich, aber auch nicht sicher auszuschließen..." *So* wird den Bundesrichtern gehörig schlecht, und sie begnügen sich klaglos mit zwei Mordmerkmalen.

Identisch bezüglich Rechts- und Machbarkeitslage:

Einem Angeklagten leuchtet die Vorfreude auf seinen geplanten Mord schon Stunden vorher aus Augen und Gestik – überzeugend bezeugt. Aber riskiert die Kammer das dritte Merkmal „Mordlust"? Nein, zu quallenartig. Sie schildert plastisch sein mordlüsternes Verhalten und lässt dahinstehen, ob ihn eine „unnatürliche Freude am Töten"[18] prägt. Die natürliche und zwei weitere Mordmerkmale reichten dem *BGH* zwanglos aus.

Beim Absetzen des Urteils gilt nichts anderes als im gesamten Prozess: „Management" ist die Frage nach Sinn und Zweck eines jeden nächsten Schrittes. Ob es freilich weniger arbeitsaufwändig ist, 20 Seiten konzentrierter Ausführungen statt 70 Seiten zügig diktierter Geschwätzigkeit zu produzieren, ist voller Zweifel schon einmal gefragt worden. „Management", so sei allerdings wiederholt, versteht sich nicht nur als das der eigenen Freizeit.

---

[18] *BGH* NJW 1953, 1440.

P.S.:

Urteilsfassungen unter Erhalt der handschriftlichen Korrekturen des Vorsitzenden zu den Akten zu bringen, hat schon wochenlange Heiterkeit in der Gerichtskantine bewirkt. Bei Beisitzern…

C. Zwei Grundsätze und penible Sorgfalt: Die Strafvollstreckungskammern

Nach Rechtskraft des Urteils kommt das Letzte. Und, wie ein prominenter Präsident zu formulieren wusste, das Wichtigste: die Vollstreckung.

Aus eigener Anschauung nur mit den Aufgaben der Großen Strafvollstreckungskammer vertraut, lässt sich leicht sagen, effizientes Management auf diesem Felde böte keine unüberwindbaren Schwierigkeiten. Sehr gelegentlich lässt sich die Klärung einer Rechtsfrage nicht vermeiden (nachträgliche Feststellung von Schuldschwere bei lebenslanger Freiheitsstrafe wegen Totschlags im besonders schweren Fall? Tat- und Ermessensfragen – wie lang ist lebenslang? Wann ist der Sicherungsverwahrte ungefährlich?). Die Antworten liegen nicht immer auf der Hand. Das tägliche Brot indes bilden die alljährlichen Anhörungen Untergebrachter, die zwangsläufig schematisch ablaufen und demgemäß sonderlichen Arbeitsaufwand nicht verursachen müssen. Sind zwei Grundsätze verinnerlicht – keine forensische Psychiatrie hält ihre Insassen ohne Not fest; denn sie sind nicht privat versichert/statt „in dubio pro reo“ gilt zum Schutze der Öffentlichkeit „Im Zweifel gegen den Untergebrachten“ –, halten sich Vor- und Nachbereitung in überschaubaren Grenzen. Man liest den letzten Anstaltsbericht, hört, wenn er denn vorgeführt zu werden gestattet, den Untergebrachten und seine Klagen, so er denn welche vorzubringen hat, verweist im Beschluss auf den Vorbeschluss und: bis zum nächsten Jahr! – Die Sitte, nach dem Verweis auf den früheren Beschluss erneut ab ovo zu referieren, wollte mir stets ein wenig aufwändig erscheinen.

Nicht erschienene Untergebrachte fürsorglich – und ohne rechtliche Konsequenzen daran zu knüpfen – in der Anstalt aufzusuchen, berührt in seiner menschlichen Wärme. Wer sich diese Zeit nimmt, sollte freilich mit Entlastungsgesuchen zurückhaltend verfahren. Hobbys zahlt man selbst.

Natürlich geht das alles auch „qualitativ“ gehobener. Bei gleichen Ergebnissen.

Wie – etwa – in der Kleinen Strafvollstreckungskammer: Ein Richter erfreut sich eines Jahresprogramms von 250 Beschwerden und Anträgen; alle veranlasst von einem leicht querulatorisch geprägten Häftling. Keine – mehr als naheliegende – Missbrauchsrechtsprechung des Obergerichts gebietet dieser wahnwitzigen Ressourcenvergeudung Einhalt. Nein, aus sich heraus verständliche, Revisionskriterien standhaltende Beschlüsse fordert das Gericht, das seit Jahren „Qualitäts“-Management vorlebt. Warum auch sollte der oben erwähnte strafvollstreckerische Kleinkämmerer sich mit den Sorgen mehrerer Häftlinge befassen, wenn einer ihn doch auslastet?

D. Kaninchenhafte Produktivität: Das Dezernat

Wer gern als Strafrichter arbeitet, liebt die Hauptverhandlung. Wer sie „qualitativ" hochwertig strukturiert, liebt sie lang. Beide aber müssen sie, mehr als den meisten behagt, gelegentlich unterbrechen. Das „Dezernat" will erledigt werden; der Schreibtisch ruft. Auch aus dieser Verpflichtung kann man mehr oder weniger machen.

Beängstigender Grundsatz: Das Dezernat wächst überproportional mit der Länge des Terminstandes. Je ferner der Hauptverhandlungstermin, desto vielseitigere Möglichkeiten bieten sich den ihn Erwartenden, den Richter zu beschäftigen (zu Anträgen auf Haftprüfungen ist Einschlägiges an anderer Stelle bereits gesagt worden). Was naturgemäß bedeutet, dass, wer den Weg dem Ziel vorzieht, doppelt belohnt wird – darf er doch nun auch länger am Schreibtisch sitzen. Die gegnerische Fraktion freilich wird alles unternehmen, amtsgerichtliche Terminstände auf maximal sechs Wochen, landgerichtliche (speziell in Großer Kammer) auf höchstens drei bis vier Monate zu begrenzen, Ziele, die sich – beruhe es auf Arbeitsabnahmen allzu sorgfältig bearbeiteter Abteilungen oder Kammern, beruhe es auf allzu heftigem Eingang – häufig nur durch Sondersitzungen werden realisieren lassen. Nur (gut, der Richter rechnet nicht...), drei Sitzungstage und ein halber für's Dezernat (natürlich ohne Vorbereitungen der Hauptverhandlung) sind immer noch weniger als zwei Sitzungstage und zwei für's Dezernat.

Was nun füllt Letzteres?

Anfragen, Antworten, Vorschläge – was auch immer: richtige Formulierung lästiger Schreiben befördert die Sacherledigung:

> Ein Jugendrichter regt dem Staatsanwalt im Falle einer eingestandenen Bagatelle die Verfahrenseinstellung an. Dessen Zustimmung erreicht seinen Urlaubsvertreter. Der meint, dem Gesetz mit höchst entbehrlicher Anfrage beim Beschuldigten zu entsprechen, ob auch er der geplanten Einstellung zustimme und formuliert „...solltest Du nicht bis... geantwortet haben, gehe ich davon aus, dass Du nicht einverstanden bist." Als der Bengel sich nach sechs Wochen zu bestätigender Antwort bequemt, ist das Verfahren vom zurückgekehrten Vorsitzenden längst eingestellt.

Nun gut, anfängertypisch. Und bei Altgedienten undenkbar. Tatsächlich? Fazit jedenfalls: Gibt es einen Schwarzen Peter, ist jedes Schreiben so abzufassen, dass der beim Adressaten landet.

Prüfung der Gefangenenpost fällt, weil exemplarisch ermüdend, bald danach ein. Die UVollzO setzt Prüfungsmaßstäbe, die Verfassung ergänzt sie.

> Da saß einmal ein Iraner ein, der außer seiner Freiheit nichts so sehr liebte wie das geschriebene Wort, dies freilich in blumigem Farsi, was hierzulande weniger geläufig ist. Also beschränkte der genervte Vorsitzende die Schreiberlaubnis auf Kontakte zur grundrechtlich geschützten – recht umfänglichen – Familie in Teheran und weiterer Umgebung, unterwarf allerdings auch diese verbliebene Korrespondenz subtiler Überprüfung. Und da solche nur nach Übersetzung effektiv wahrgenommen werden kann, verursachte er binnen kurzem Dolmetscherkosten in Höhe von ca. 30.000,- DM, gewann freilich auch Erkenntnisse zum persischen Blick auf die deutsche Justiz

(„Möge Allah die räudigen Richter-Hunde zur Hölle senden!"), die Gelegenheiten boten, entsprechende Schreiben anzuhalten, Beschwerden an das Kammergericht zu provozieren, um von dort teils bestätigende, teils aufhebende, allemal jedoch erschöpfende Bescheide zu gewinnen.

Ein anderer Vorsitzender störte sich intensiv an mit der Gefangenenpost versandter mehr oder minder sanfter Pornographie. Schließlich – wo, wenn nicht in der Untersuchungshaft, beginnt die Resozialisierung zu Anstand und Moral? Wo besser kann der Inhaftierte lernen, seine verderblichen Triebe sinnreich zu kanalisieren? Die den Beschlüssen voraufgehenden Studien einzelner Abbildungen, die auf Beschwerden erneute, gewiss, weil obergerichtlich, noch sorgfältigere Überprüfung verlangten allen Beteiligten Übermenschliches ab. Vor allem Zeit.

Hilfreich wäre ein Blick auf den Sinn der Postkontrolle gewesen. § 119 Abs. 3 StPO bietet eine, wenngleich etwas vage Grundlage. Leidet die Anstaltsordnung unter dem „Playboy"? Die wirtschaftliche Maxime, wonach ein Überangebot die Nachfrage drosselt, mithin Verteilungskämpfe vermeiden hilft, könnte die Antwort enthalten. Sie auf Heroinbriefchen auszuweiten, verbietet das BtmG. – Und des Teheraners Tiraden hätte ein Dolmetscher auf der Geschäftsstelle für 20,- DM quergelesen (oder in der Hoffnung auf lukrative Bestellung in der Hauptverhandlung sogar für „lau"...) und dem Vorsitzenden allenfalls ein paar „schlimme Stellen" bezeichnet.

Fluchtversuche, schon deren Planungen, ebenso Absprachen mit Mithäftlingen oder bereiten Helfern außerhalb der Mauern laufen dem Zweck der Untersuchungshaft evident zuwider. Aber wer ist so exemplarisch dämlich, dergleichen der Gefangenenpost anzuvertrauen? Zumal, wenn er anwaltlich vertreten ist und *die* Anwälte, die geneigt sind, das Standesrecht großzügig zu interpretieren, (noch) besser kennt, als dies die Richter tun.

Will sagen: Toleranz – ehrlicher: Gleichgültigkeit – gegenüber den Inhalten der Korrespondenz von Untersuchungshäftlingen richtet keinen messbaren Schaden an. Was der Häftling liest, sei ihm weitestgehend selbst überlassen, „beleidigt“ er die Justiz im Allgemeinen oder gar im Besonderen („mich...“!), sei ihm dies gegönnt, ist seine Lage doch ungleich beschwerlicher als die des Beleidigten.

Sehr, sehr gelegentlich gelingt einem Häftling ein – vielleicht – beweiserheblicher sprachlicher Ausrutscher. Den kopiert man (nach entsprechendem Beschluss natürlich), und der Manipulationsversuch läuft ins Leere: Entweder wird der angeschriebene Alibizeuge („... du weißt doch noch, wo wir am 14.1. waren...“) gar nicht erst geladen, oder er wird, sollte er folgsam aussagen, in der Hauptverhandlung genüsslich vorgeführt.

Arbeit hat's kaum gemacht. Noch weniger allerdings *dem* Vorsitzenden, der Gefangenenpost gesetzeswidrig (§ 119 Abs. 6 StPO) gleich nur von – hoffentlich gleich gesinnten – Beisitzern lesen lässt.

Anträge und Beschwerden verlangen Antwort im Beschlusswege. Oder per Verfügung des Vorsitzenden. Ein feiner, regelmäßig zu vernachlässigender Unterschied angesichts identischer Anfechtungsvoraussetzungen (§ 304 Abs. 1 StPO), insbesondere für den Amtsrichter ein rein akademischer. Und was geschieht, wenn die ganze Kammer einen Pflichtverteidiger im Beschlusswege (theoretisch unter Überstimmung des Vorsitzenden...) bestellt? Na ja.

Von ähnlicher Bedeutsamkeit ist die Frage, ob ein Antrag (oder eine Beschwerde) als unzulässig oder unbegründet zurückzuweisen ist.

Ein höchst pflichtbewusster Proberichter studierte spät abends zwei Stunden lang, ehe er sich hilfesuchend seinem (früheren) Vorsitzenden anvertraute. Ob beides fraglich sei, erkundigte sich der. Nein, unbegründet sei der Antrag mit Gewissheit. Also wird abgewiesen mit der Formulierung, die Zulässigkeit möge dahinstehen. Und umgekehrt geht's – man staune! – genauso.

Natürlich offenbart derartiges Vorgehen Wissens- oder (und?) Verständnislücken, weshalb es nicht – nicht einmal im Amtsgericht – zur Norm gemacht werden sollte. In allen Zweifelsfällen indes bietet es sich an zu eigener Entlastung und zur Erhöhung des Selbstgefühls in vorgesetzter Instanz. Muss diese doch einfach deshalb tiefer einzublicken vermögen, weil sie über mehr oder doch über besser bezahlte Augen verfügt.

Einem Amtsrichter widerfährt Wunderliches. Niemand beanstandet sein Urteil; also verfasst er es abgekürzt. Nach Wochen wundert sich der Staatsanwalt, was aus seiner Berufung geworden ist. Die findet sich in seinen Akten, jedoch, wiewohl angeblich per Fax übermittelt, sonst nirgendwo. Nun prüft der gewissenhafte Amtsrichter die von ihm in Literatur und Rechtsprechung als streitig erkannte Frage, ob das Rechtsmittel rechtzeitig eingelegt wurde. Warum nur tut er das?! Wozu immer er sich durchringen mag – die Entscheidung fällt die Kammer. Und je schneller er die Rechtzeitigkeit bejaht, desto zügiger.

Formale Petitessen, deren Entscheidung einem letztlich nicht obliegt, mit gebotener Entspanntheit zu bescheiden, müsste doch gelingen. Nicht nur Amtsrichtern.

Sind mehrere an einer Entscheidung beteiligt, wird das Management virulent. Der Vorsitzende schreibt dem Beisitzer die Akte mit der Bitte um Beschlussentwurf (auf Beschwerde etwa) zu. Der verfasst – wissend um die qualitativen Anforderungen seines Kammerleiters – vier qualitativ hochwertige Seiten. Dem Vorsitzenden missfällt das

Ergebnis (oder die Begründung oder beides); man trifft sich zur Beratung. Der Beisitzer lenkt ein oder wird überstimmt und schreibt nun wieder vier Seiten – mit Glück nicht mehr – in Gegenrichtung. Geht das auch anders? Der Vorsitzende schreibt nach summarischem Aktenstudium, d. h. konzentriert einzig auf die Kernfrage, mit der Bitte zu, in bestimmter Richtung („antragsgemäß", „i. S. d. StA" o. ä.) zu entwerfen. Trifft dies die Ansicht des Berichterstatters, hält er es jedenfalls für gut vertretbar, ist der Beschluss so gut wie fertig. Hat er ernsthafte Bedenken, oder stellt er gar fest, dass die Vorabansicht des Vorsitzenden dem Akteninhalt zuwiderläuft (Vorschlag war, die sofortige Beschwerde als verspätet zu verwerfen, nur war leider übersehen worden, dass der letzte Tag auf den Ostermontag fiel), wird er – ohne vorherige Schreibarbeit – das gemeinsame Gespräch suchen. Ich wage eine Statistik: 95 Prozent der Beschwerden werden so in zügig-schweigsamem Einverständnis erledigt, in drei Prozent gibt's Rücksprachen, in zwei Prozent bittet der Vorsitzende, weil erkennbar problematisch in Sach- und/oder Rechtslage, von vornherein nicht um Beschlussentwurf, sondern um Kammervortrag. Der Beisitzer, so wurde einmal kritisiert, könne sich durch Hinweise des Vorsitzenden bei der Zuschreibung in seiner Entscheidungsfreiheit unzulässig tangiert fühlen. Nun, der hätte dann nicht Beisitzer – sprich: Richter – werden sollen.

Gestandene Amtsrichter beschließen in aller Regel treffend. Man erinnere sich: Im Amtsgericht ist das Ergebnis richtig, die Begründung falsch, im Landgericht... u.s.w. Deswegen hat ein innovativer Kopf das Formular „...wird aus den zutreffenden Gründen... verworfen..." erfunden. Als junger Proberichter verwendete ich's in der Großen Kammer und musste mich belehren lassen, es verletze die Würde des Landgerichts, sich dem „Untergericht" ohne eigenständige Gedanken schlicht anzuschließen. Ich probte („Proberichter") den Aufstand, argumentierend, der Würde des „Obergerichts" entspreche weit eher, einen fehlerlosen Beschluss nicht allein um eigener Wortwahl willen umzuformulieren; in stringenter Kürze, in der Vermeidung alles Überflüssigen bestehe die Souveränität, die der Großen Kammer entspreche. Es wurde mein erster Sieg über einen Vorsitzenden (und so ziemlich auch der letzte). – Und selbst, wenn der Amtsrichter nicht so ganz „fehlerlos", jedoch ergebnisrichtig entschieden hat, tut das Formular beste Dienste: Stets bleibt eine kleine Lücke für die Worte „im wesentlichen" (vor: „zutreffenden Gründen").

Lästige Pflichten bürdet die U-Haft-Verwaltung dem Richter mit Anträgen auf Disziplinarmaßnahmen auf. Überprüfen lässt sich deren Berechtigung ohne Mini-Hauptverhandlung nicht; der Häftling, dem die Anstalt regelmäßig rechtliches Gehör eingeräumt hat, trägt zur Sachaufklärung gewöhnlich nichts bei als die Bekundung seiner Unschuld. Belustigender Weise hat sich kein Vorgehen als ähnlich wirkungsvoll erwiesen – gar als kammergerichtsfest – wie dieses:

Tenor
Gründe:
Die JVA ... hat dargelegt und beantragt: (Einrücken Bl. 53-58)
Dem war zu entsprechen.
Unterschrift

Gelegentlich schien die beantragte Maßnahme zu rigide. Dann gab's einen Satz mehr.

Eine Vielzahl von Eingaben – zumal anwaltlichen – kann schriftlich beschieden werden. Muss aber nicht. Schon zu meiner Zeit war jedes Dienstzimmer mit einem (zumeist) funktionierenden Telefon ausgestattet. Mündlichen Kontakten ist schwieriger auszuweichen als schriftlichen (was auch – die Zeiten schreiten fort – für E-Mailige gilt). Hauptanwendungsgebiet dieses verhaltenen Ratschlags ist der Umgang mit Berufungen, die zu begründen (bislang) kein Anlass besteht. Wer als Vorsitzender nichts unternimmt, schafft sich mehr als einmal einen langen Weg (den er ja mögen mag): Nach Ladung von zehn Zeugen beschränkt der Anwalt sein Rechtsmittel auf die Überprüfung des Strafmaßes. Auch wer schriftlich das anwaltliche Begehr nachfragt, ist einer Antwort nicht sicher. Anwälte sind viel beschäftigt. Anzurufen und dem persönlich bekannten (und als *seriös* bekannten!) Verteidiger zur Rücknahme oder Beschränkung zu raten, den unbekannten (oder als *un*seriös bekannten...) unter tendenziöser Betonung harmlos-neutraler Worte nach dem Ziel des Rechtsmittels zu fragen – „...hätte ich gern gewusst, was der Zweck *dieser* Berufung ist..." – scheint zielführend. 45 Prozent aller Berufungen (seinerzeit noch an die Große Kammer) wurden laut meiner Privatstatistik zurückgezogen, bevor Arbeit drohte. Das Telefon macht's. Und die rigorose Ausnutzung der Reputation des angefochtenen Vorderrichters. Seinem Namen hat der erste Blick in die Berufungsakte zu gelten.

Dies gilt heute nahezu nur noch für den „Kleinkämmerer". Anders als seine Amtsbezeichnung Anlass gibt zu vermuten, hat er weniger die Launen eines unberechenbaren Fürsten zu fürchten, als die des Oberlandesgerichts. Wie hätte der gewitzte Höfling reagiert? Mit Ausweichen – gehe nie zu deinem Fürst, wenn du nicht gerufen wirst! Und wann ruft das OLG? Wenn es angerufen wird. Das also gilt es zu vermeiden, und anders als vor Verhängung von acht Jahren Freiheitsstrafe ist dies durchgehend und zumeist recht unschwer zu vermeiden. Nicht durch faule „Deals", die in verschenkten Strafaussetzungen und massiven Strafnachlässen bestehen, schon gar nicht in unangefragt albern-marginalen Strafmilderungen, die nicht vorhandene überlegene Weisheit des Kleinkämmerers bezeugen sollen und stattdessen nur Rechtsmittelfluten von allen Seiten generieren. Nein, durch bestimmtes offenes Reden („Telefon"!) über die realen Chancen des Rechtsmittels. So „sieht" man seinen Fürsten um die Hälfte seltener.

Gespräche mit Anwälten dürfen – in manchen Fällen: müssen – in Vermerkform zu den Akten gelangen. Vermerken des Vorsitzenden im Allgemeinen sollte freilich eher zurückhaltend begegnet werden. Wer nach Akteneingang und erstem Studium drei Seiten Klügstes anmerkt, arbeitet problembewusst und muss nur Sorge tragen, seine frühe Meinung sechs Monate später noch zu verstehen. Wer gar als Amtsrichter derartigen Arbeitsstil pflegt, versackt. Allerdings auf hohem Niveau.

Beratungen außerhalb der Hauptverhandlung mögen dem „Dezernat" zugerechnet werden. Solche über Nichtigkeiten verraten Sorgfalt in der Sache. Und Sorglosigkeit in der Handhabung:

> Beisitzer streiten sich, ob eine Erhöhung der Anwaltsgebühren nach „Billigkeit" erfolgen solle. Einer verneint, der andere hält – vor längerer Zeit – 200,- DM für angemessen. „Gebt ihm 100,- DM und mir den Beschluss zur Unterschrift", befindet ein sträflich laxer Vorsitzender ohne Vortrag und Aktenstudium.

> Ein Anwalt erscheint nicht zum Termin und erhält die Kosten auferlegt. Mit der Beschwerde entschuldigt er sich, er sei in einen Verkehrsstau geraten, habe über's Handy vergeblich versucht, die Geschäftsstelle zu informieren. Stimmt das? Lügt der? Wer soll das wie feststellen!? Entschieden wird also gemäß dem Ruf des Anwalts. Und so vorsichtig formuliert, dass sich niemals jemand auf diesen Beschluss wird berufen können.

Seiner nicht-richterlichen Mitarbeiter bedarf der Vorsitzende außerhalb der Hauptverhandlung dringender denn während derselben. Vom Protokoll versteht er selbst was, von Geschäftsstellentätigkeit, UdG-Arbeit u. ä. nicht die berühmte Bohne (wen hab' ich jetzt wieder beleidigt?). Weshalb seine „Personalpolitik" sich nicht allein auf die

Beisitzer beschränken darf. Es bedurfte der Neuerung genannt „Service-Einheit" – „Service Unit", wie wir sprachlich Gebildeten sagen – nicht, um dem sich als Manager verstehenden Vorsitzenden die Bedeutung einer funktionierenden Geschäftsstelle zu verdeutlichen. Der Amtsrichter, der seine Geschäftsstellenleiterin gegenüber der Verwaltung in höchsten Tönen pries – „seit sie für mich arbeitet, wird nur noch das notwendige Drittel an Akten vorgelegt..." – kollidierte sehr bald mit dem „Qualitätsmanagement" Marke Bürokratie: Die arme Frau wurde präsidial gerügt, was sie selbständig bearbeiten dürfe, sei administrativ geregelt und stehe nicht zu ihrer Disposition. Also legte sie wieder vor: Anschrift des Zeugen unbekannt. Richter: bitte EMA-Anfrage. Neuvorlage: Zeuge dort und dort wohnhaft. Richter: Ladung erneut übersenden. – Heute sicher alles per E-Mail.

Dergleichen Flachsinn mag ja eine „Service-Einheit" ein wenig eindämmen; wer Management betrieb, verfuhr freilich auch früher schon pragmatischer – er lobte gute Mitarbeiter selbst, versuchte kein zweites Mal, loben zu lassen. Und räumte weitgehende, motivierende Selbständigkeit ein, verbunden mit der Garantie, dass, sollte den an langer Leine Arbeitenden mal ein Fehler unterlaufen, der Vorsitzende diesen nach außen stets auf seine Kappe nehmen würde. Und die Personalpolitik unterschied sich prinzipiell in nichts von der Rekrutierung der Beisitzer: Sorgfältiges Aussuchen der Mitarbeiter, nervendes Geltendmachen eigener Personalwünsche gegenüber der Verwaltung, rücksichtsloses Vergraulen unwilliger „Kollegen" – die Methoden bleiben gleich. Und auch Erfolg oder Misserfolg entscheiden sich nach gleichen Gesetzmäßigkeiten: Braucht die Verwaltung Sie, erfüllt sie Ihre Wünsche, gibt Ihren penetranten Nörgeleien nach. Gebraucht (nicht geliebt) werden Sie, wenn Sie die Eliten entlasten und tunlichst selbst nie um Entlastung einkommen. Der Still-Elitäre erhält zum Ausgleich die nicht ganz so leistungsfähigen Mitstreiter des Mittleren Dienstes. Was ihm Chancen bietet, die Geschäftsabläufe noch intensiver zu begleiten.

E. Unabhängig wie der Präsident des Bundesverfassungsgerichts: Der Amtsrichter

„Wirklich unabhängig sind nur", sprach einst ein Präsident des Bundesverfassungsgerichts, „der Präsident des Bundesverfassungsgerichts und der Amtsrichter". Daraus weiß der Präsident des Bundesverfassungsgerichts zweifellos das Richtige zu machen. Der Amtsrichter auch?

Sein Aktionsradius ist eindrucksvoll. 95 Prozent aller Kriminalität soll er nach unbestätigten Statistiken bewältigen. Kleinkriminalität gewiss trotz aller Kompetenzerweiterungen, die allemal zusätzliche Arbeit verursachen, Prestigegewinn nicht erkennen lassen. Doch Kleinkriminalität ist's, was den kleinen Mann tangiert, mehr als das: beängstigt. Denn gering sind die Chancen, vergewaltigt oder entführt, marginal die, Opfer eines Mordes zu werden. Realistischer ist die Möglichkeit, der Brieftasche in Bus oder Kaufhaus verlustig zu gehen. Mögen 100 Euro zu verschmerzen sein, nerven endlose Behördengänge zu Wiederbeschaffung von Ausweis und Führerschein schon deutlicher. Realistischer auch, als betagte Witwe dümmlichen Strolchen aufzusitzen, die sich als vergessener Neffe ins Vertrauen schleichen – ein paar wertneutrale Schmuckstücke, einige Hunderte in der Butterdose sind der Verlust nicht, die unverdiente, doch unvermeidliche Scham über sich selbst, die Angst, noch hilfloser zu werden, bildet den eigentlichen Schaden. „Er hat mir 4000,- DM geklaut", ruft eine alte Dame empört in die Verhandlung vor dem Jugendrichter, „all det Jeld für'n Sarchfritzen..." und ohrfeigt den Angeklagten, der sich mit Besorgungen in ihr Vertrauen geschlichen hatte. Wichtig, höchst wichtig ist richterlicher Umgang mit dergleichen „Klein"-Kriminalität. Und unabhängig wie der Präsident des Bundesverfassungsgerichts ist der Amtsrichter in diesem Umgang (oder unabhängiger – fehlen ihm doch sieben überqualifizierte Beisitzer?). Nur, wie geht er heran? Wie der Präsident des Bundesverfassungsgerichts? Besser nicht.

Ich hatte einmal einen Referendar; einen, der mit bemerkenswerter Sorgfalt arbeitend, sich sein „Sehr Gut" redlich verdiente. Allerdings auch den Zusatz, er werde seinen Arbeitsstil gründlich umstellen müssen, wolle er den Anforderungen praktischer richterlicher oder staatsanwaltschaftlicher Tätigkeit genügen. Er überlegte – wie immer – lange, ob er diese Bemerkung beanstanden solle, verzichtete weise, bestand das Examen mit „Gut", wurde Assessor (Proberichter): zweimal „ungenügend" bei der Staatsanwaltschaft, einmal nicht besser im Amtsgericht. Er hatte jeweils ein, zwei tägliche Akten mit wissenschaftlicher Akribie bearbeitet, den Rest (ca. 50 bis 100) anwachsen lassen.

Der Ratschlag, der Amtsrichter müsse arbeiten wie ein Bundesrichter, hätte für diesen Mann vermutlich leicht zynischen Einschlag gehabt, als er nach Ende seiner kurzen Staatsdienerlaufbahn auf Arbeitssuche gehen musste. Man sollte des Bundesrichters sein lassen, was des Bundesrichters ist – um Missverständnissen vorzubeugen: gewiss nicht das Liegenlassen von Aktenbergen – und sich den alltäglichen Anforderungen pragmatisch stellen.

Kaum eine Anforderung ist alltäglicher, als dass der Angeklagte die Hauptverhandlung durch seine Anwesenheit schmückt.

„Lieber Karl-Heinz", las ich vertretungsweise in den Akten eines in einem „guten Bezirk" zuständigen Jugendrichterkollegen, „ich habe Dich zum..., zum..., zum..., zum... (4 Termine!) geladen. Leider bist Du nicht erschienen. Ich lade Dich hiermit erneut auf den... Solltest Du wieder nicht kommen, behalte ich mir vor (!), Zwangsmaßnahmen zu ergreifen."

Wie hätte ich als Karl-Heinz, grundsätzlich den Jugendrichter als Autorität durchaus fürchtend, auf ein solches Schreiben reagiert? Den Klassenkameraden jubelnd vorgeführt, dass Richter noch größere Flaschen als die Lehrer sind? Ich denke mal: genauso! – Aber das ist nichts als Pädagogik. Thema hier ist ein anderes.

Im Gericht warten Richter, Staatsanwalt, vielleicht ein Verteidiger, Protokollführer, Wachtmeister und vier Zeugen vergeblich auf den Angeklagten. Auf einen spontanen Vorführungsversuch – mühevoll genug telefonisch eingerührt – teilt die Polizei mit, man habe zwar Stimmen und Musik in der Wohnung vernommen, geöffnet habe freilich niemand, und gewaltsames Vorgehen habe der Reviervorsteher (so hießen die in den progressiven Anfangs-Siebzigern) im Hinblick auf das Prinzip der Verhältnismäßigkeit untersagt.

Ein solches Erlebnis verengt den zwangsmaßnahmerischen Blick auf die zweite Alternative des § 230 Abs 2 StPO. Jeder Haftbefehl ist verhältnismäßig, der – sauberer Terminkalender vorausgesetzt – maximal vier Tage halten muss. Und die Bezirkszuständigkeit des Jugendrichters garantiert die so wichtige Verbreitung seiner unsensitiven Methoden. Nach nur wenigen Monaten bedarf's kaum noch des Haftbefehlserlasses – U-Bahn fährt sich doch besser als „Staatstaxe".

Wer in jungen Jahren ermittlungsrichterliche Tätigkeit beim Polizeipräsidenten betreiben musste (durfte?), findet in aller Regel recht zwanglos ins „Management" anderer Spruchkörper. Verbietet sich dort doch jedes Gedöns schlicht wegen häufiger Notwendigkeit, bis spätestens Mitternacht entschieden haben zu müssen. Dem Beschuldigten, der reuig 20 Einbrüche gesteht – beängstigend genug, wenn die Opernaufführung um 20 Uhr beginnt –, müssen, wie der Richter schnell lernt, nicht alle 20 in den Haftbefehl geschrieben werden, zwei tun's auch neben dem Hinweis, der Beschuldigte sei weiterer 18 gleichartiger Taten dringend verdächtig. Nirgendwo steht geschrieben, der Haftbefehl müsse so ausformuliert sein, dass der Staatsanwalt ihn in späterem Verfahrensstadium nur noch einzurücken habe.

Wer Geständnisse inhaltsleer und bloß verweisend protokolliert, begeht *die* ermittlungstechnische Todsünde. Meistens selbst Anfängern bekannt. Wer daraus freilich schließt, auch geschwätziges Bestreiten mit Sorgfalt dokumentieren zu müssen, vergeht sich arbeitsökonomisch: Auf „meine Lügen bei der Polizei" darf schon – massiv verkürzend – Bezug genommen werden.

> Der Amtsrichter weist den Antrag, den Obdachlosen X am Bahnhof zu laden, wo der sich unstreitig ständig aufhält, und zeugenschaftlich zugunsten des Angeklagten zu hören, verärgert zurück: Einem solchen Menschen sei ohnehin nicht zu glauben. Dieser Verstoß gegen § 244 Abs. 3 StPO ist allzu evident, als dass sich der Verteidiger die Revision entgehen ließe. Und gewinnt natürlich.

Lag der Amtsrichter indes in der Sache so falsch? Rechtlich gewiss; etwas kreativer hätte er begründen dürfen. Aber: Als der Antrag gestellt wurde, wusste er bereits, dass er ein Jahr Jugendstrafe zur Bewährung aussetzen würde. In wenigstens 70 von 100 Fällen akzeptiert auch der „Unschuldige" ein solches Urteil. In 29 Fällen legt er Berufung ein. Einer endet wie dieser. Der grottenschlecht begründete Beschluss befördert mithin 99 zügige Sacherledigungen. Management darf man das schon nennen, wenngleich noch mit ein wenig Luft nach oben. Und ein Beispiel bleibt's für den Grundsatz, bei seinen Entscheidungen stets zu bedenken, mit wem man es zu tun kriegen könnte – wird die Sprungrevision abgeschafft, ist der Mann voll rehabilitiert...

Auf Hinweise zur amtsgerichtlichen Dezernatsbearbeitung, auf entspannten Umgang des Amtsrichters mit prozessualen Vorschriften in der Hauptverhandlung (eher nicht ganz so entspannt, wie bei Ablehnung obdachloser Zeugen...), auf Besonderheiten des schriftlichen Amtsgerichtsurteils im vorstehenden Text sei verwiesen. Nichts zählt als das treffende Ergebnis innerhalb angemessener Frist.

Darf man sich etwas wünschen? Amtsrichter sollte werden, wer diese Position, diese Arbeit so liebt, dass er es bleiben möchte. Nur dann stimmt das mit der Unabhängigkeit.

F. Alles nur Pappkameraden: Management

Ich habe den Aufsatz der „qualitäts"-bewussten Kollegen ein weiteres Mal gelesen und frage mich erneut: Haben die tatsächlich denen, die seit Jahrzehnten den Großteil ihrer Arbeit verrichten, empfohlen, sich – ausgerechnet – an ihnen ein Beispiel zu nehmen? Argumentierend, wenn endlich niemand mehr mit der Arbeit fertig würde, müsse der Staat zusätzliche richterliche Zeitvernichter einstellen? Das Ausmaß dieser Chuzpe verführt zu dem Schluss, die Kollegen könnten ihre Ausführungen unmöglich ernst gemeint haben, und wer sich ernstlich – na, so ernstlich war's ja hoffentlich nicht – mit ihnen anlege, bekämpfe Pappkameraden.

Sei's drum. Hätte ich den Verfassern Unrecht getan, so zeugen doch alle zitierten Beispiele echten „Qualitäts"-Managements von lebenden „Kameraden", nicht von solchen aus Pappe. Was immer man vertritt, man hat seine Fans.

Muss erwähnt werden, dass ein Verwaltungsgericht[19] vier Zeitschriftenseiten – ca. 20 bis 30 Buchseiten? – auf diese Petitesse verwendet (verschwendet):

> Ein Amtsrichter verklagt seinen Landgerichtspräsidenten auf Zugang zum Gerichtsgebäude von 6.30 bis 23 Uhr (sonntags von 9 bis 19 Uhr...), was der pragmatische Verwaltungschef mit vorgeschobenen Begründungen abgelehnt hatte. Man beantwortet eine derartige Eingabe heutzutage nicht mehr, weil „politically incorrect", zutreffend damit, der Antragsteller sei entweder ein Narr oder ein Eulenspiegel. Und das Verwaltungsgericht? In extenso wird die Rechtslage ventiliert mit dem Ergebnis, es gebe

---

[19] *VG Frankfurt* DRiZ 2000, 182 ff.

keines, sei doch bislang verabsäumt worden, den Hauptrichterrat anzuhören. Warum, wenn denn schon intensive rechtliche Prüfungen voraufzugehen hatten, lauteten die schriftlichen Gründe des Entscheids nicht wie folgt:

„Die Kammer unterstellt unter erheblichen Bedenken die Ernsthaftigkeit des Begehrs, sieht sich an einer abschließenden Entscheidung indes gehindert, weil die gemäß § ... erforderliche Anhörung des Hauptrichterrates bislang unterblieben ist"?

Wer sich jetzt zurücklehnt, darauf verweisend, das sei eben Verwaltungsrecht, kein Strafrecht, irgendetwas müsse ja zweijährige Terminstände rechtfertigen, verfügt über wenig Kontakte zu Oberlandesgerichten.

Ein Proberichter, meiner Kammer von einer anderen überwiesen, lieferte einen fehlerlosen Beschlussentwurf im Umfange von fünf Seiten. Ich ließ den ersten und den letzten Satz unangetastet und strich das viereinhalbseitige Mittelstück ersatzlos. Das gefalle ihm, ließ das Nachwuchstalent verlauten, in seiner vorigen Kammer habe er jedoch so intensiv zu Werke gehen müssen.

Intensiv. Fehlte es Alexander und Kolumbus an Intensität, weil sie gar nicht erst versuchten, verworrene Knoten mühselig aufzubröseln, Eier fummelig-balancierend auf die Spitze zu stellen?

Wer den Richter Management lehrt, beantwortete sich leicht. Niemand natürlich. Um heraus zu finden, was „Management" im richterlichen Betrieb überhaupt meinen könnte und den Versuch zu machen, dies auch einmal zu formulieren, war die Frage der australischen Kollegin allerdings durchaus produktiv. An die Drohung auf Seite 6 mit einer weiteren Anekdote sei erinnert:

Als neuer Kammervorsitzender geriet ich in einen Kreis arrivierter Kollegen, die des längeren die rechtlich komplizierten Implikationen diskutierten, die ein obstinater Schöffe kurz vor Beratungsschluss bereitet hatte: Plötzlich sein Gewissen entdeckend, hatte er jede Abstimmungsteilnahme verweigert. Was nun? Nach einer halben Stunde auf einem intellektuellen Niveau, das mich zu passivbewundernder Schweigsamkeit veranlasste, erlaubte ich mir – ja, schon etwas schüchtern – die Frage nach der Haltung des zweiten Schöffen. „Der war bei uns, kein Problem", wurde mir zur Antwort. „Dann hätte ich das Urteil verkündet", meinte ich, „4:1 oder 4:0, passt doch beides unter § 263 StPO". Auf guten Ruf unter Qualitätsbewussten bedacht, hätte ich das besser nicht gesagt; die anwesenden Kollegen zeigten sich, höflich verbrämt, von soviel Ignoranz einigermaßen erschüttert.

Jahre später aber gab es einen, der – anscheinend wohlmeinend – fragte, wie es mir gelinge, ohne sichtbare Überlastungsanzeichen regelmäßig „fertig" zu werden. Ich weiß nicht mehr, was ich antwortete. Aber ich hätte sagen können:

So.

Zeichnung von Christine Böer, © 1996

Ein Richterleben. Biografische Notiz

von
Clemens Basdorf
Vorsitzender Richter am Bundesgerichtshof

Friedrich-Karl Föhrig (1938–2007) wurde in Berlin geboren. Er war das einzige spätgeborene Kind seiner Eltern, die beide Postbeamte waren. Nach dem Tod seines Vaters in russischer Kriegsgefangenschaft ist er in der Obhut von Mutter und Großmutter aufgewachsen. Er hat seine Mutter, die 94 Jahre alt geworden ist, sehr geliebt und verehrt; er dankte ihr, dass sie ihm seine Berufsausbildung ermöglicht hatte.

Nach erfolgreichem Schulbesuch wollte er zunächst Journalist werden. Er studierte Publizistik an der Freien Universität Berlin, unter anderem bei Professor Dovifat, und fand dann über den Besuch von Gastvorlesungen zur Juristerei. Vielleicht ist sein beruflicher Sprachstil, der meilenweit entfernt war von trockenem, hölzernem Juristendeutsch und oft fast journalistisch knapp und lebendig daherkam, auch von dem ersten Studiengang geprägt worden.

Friedrich-Karl Föhrig war ein vielfältig gebildeter, insbesondere historisch interessierter Mann. Politisch aktiv war er nicht, eher konservativ eingestellt, sehr liberal denkend. Jede Form von Extremismus und Fanatismus war ihm zutiefst zuwider. 1964 lernte *Friedrich-Karl Föhrig*, der die englische Sprache fließend beherrschte, auf Mallorca eine Engländerin kennen und lieben, seine spätere Frau *Patricia*; beide heirateten 1966 in England und lebten bis zu seinem Tod in einer von innigster Liebe und Harmonie geprägten Ehe.

Seinen Richterberuf hat er geliebt. Er war mit ganzer Seele Strafrichter. Nur drei Monate war er als Proberichter bei der Zivilkammer, danach folgte nurmehr Strafrecht, zunächst bei der Staatsanwaltschaft und dann beim Amtsgericht Tiergarten, dort erst als Ermittlungs- und Schnellrichter in der Gothaer Straße. Sicher resultierte aus dieser Zeit nicht nur seine ausgeprägt positive Einstellung zu schneller Verfahrenserledigung, sondern insbesondere auch sein Verständnis für die Wichtigkeit der Ermittlungsarbeit, namentlich in der Phase des allerersten Zugriffs.

Seine Fortbildungsbegabung konzentrierte er alsbald auf die Ausbildung und Prüfung von Anwärtern der gehobenen Polizeilaufbahn an der Fachhochschule für Verwaltung und Rechtspflege. Auch in diesem Bereich war er dank seiner Fachkompetenz und seiner Menschlichkeit hochgradig beliebt und erfolgreich. Es war beinahe rührend mitzuerleben, wenn – wie es immer wieder einmal geschah – einer seiner früheren Schüler in einer von Herrn *Föhrig* geführten Hauptverhandlung seinem Ausbilder als Zeuge stolz von einer tüchtigen Ermittlungsarbeit berichten konnte.

Beim Amtsgericht Tiergarten war *Friedrich-Karl Föhrig* dann länger als ein Jahrzehnt als Jugendrichter tätig. Er verstand es, mit seiner Strenge und Souveränität die jugendlichen und heranwachsenden Angeklagten zu beeindrucken und schon dadurch den besonderen erzieherischen Zweck des Jugendstrafverfahrens zu erfüllen. Sein Pragmatismus ermöglichte ihm die allerkürzesten Terminsstände, so trug er dem besonderen Anliegen nach zügiger Erledigung in Jugendstrafverfahren optimal Rechnung.

Es war durchaus nicht selbstverständlich, dass er, der die Tätigkeit als Amtsrichter so erfolgreich und gern in Kenntnis der damit verbundenen besonderen richterlichen Unabhängigkeit wahrgenommen hatte, sich einer „Erprobung" beim Kammergericht unterzog. Jene neun Monate hat er selbst als „unangenehm belastend" beschrieben. Ihn beeindruckte indes sehr die juristische Brillanz des berühmten Vorsitzenden *Karlheinz Meyer*. Für sich selbst hat er eine obergerichtliche Tätigkeit später nie angestrebt. 1984 übernahm *Friedrich-Karl Föhrig* als Vorsitzender Richter am Landgericht sogleich eine große Strafkammer. Dabei nahm er endgültig Abschied vom Jugendstrafrecht. Von der 22. großen Strafkammer, einer allgemeinen Kammer, wechselte er 1995 ins Schwurgericht als Vorsitzender der 36. großen Strafkammer.

„Wesentliche Daseinsberechtigung des Strafrichters ist, in Schuld- und Straffrage das treffende Urteil zu finden. Wer dies nicht nur als wesentliches, sondern einzig verlohnendes Ziel strafrichterlicher Arbeit erkennt und danach handelt, mag dann und wann sogar ein ‚gerechtes' zuwege bringen."

So schlicht beschrieb *Friedrich-Karl Föhrig* in seinem Erfahrungsbericht sein Selbstverständnis von seiner geliebten Tätigkeit als Strafrichter. Er strebte nach Gerechtigkeit, freilich in Kenntnis von den leider nur allzu begrenzten menschlichen Möglichkeiten bei der Wahrheitsfindung. In dieser Erkenntnis lag bei all seinem gesunden Selbstbewusstsein eine Haltung der Bescheidenheit.

Sachlich und nüchtern war er, Pomp, Zeremonie und Formalismus waren ihm ein Gräuel. Gleichwohl war er als Vorsitzender souveräner Beherrscher des Gerichtssaals. Er besaß natürliche Autorität. Ich weiß nicht, ob er das sitzungspolizeiliche Zwangs- und Ordnungsmittelsystem des Gerichtsverfassungsgesetzes je einmal angewendet hat. Notfalls reichte, wenn nicht, wie gewöhnlich, ohnehin alle parierten, eine vorsichtige Andeutung vorhandener Zwangsmöglichkeiten, um Ruhe und Sachlichkeit herzustellen. Diese Haltung beruhte ebenso auf seiner sicheren Sach- und Rechtskenntnis wie seine Zielstrebigkeit, in kürzester Zeit und mit knappster Form, ohne überflüssige Arabesken und Umwege, zum treffenden, möglichst gerechten Urteil zu gelangen.

Dies glückte ihm verstärkt aufgrund der völligen Offenheit, mit der er verhandelte, die er sich wiederum aufgrund seiner souveränen Sachkenntnis leisten konnte. Er hielt mit seiner vorläufigen Einschätzung eines Falles nicht hinter dem Berg. So konnte er auch ohne weiteres eine zuverlässige Vorhersage über das wahrscheinliche Strafmaß für den Fall eines verfahrensbeschleunigenden Geständnisses geben. Dass ein Verhandlungspartner sich auf die Einhaltung einer solchen Voraussage verlassen konnte, stand bei seiner fast intuitiven Haltung von Fairness außer Frage. Eine Abweichung vom prognostizierten Urteilsergebnis ohne warnenden Hinweis wäre für ihn undenkbar gewesen. Dass er bei dieser Einstellung, die jede formalisierte Problematisierung überflüssig macht, der aktuellen Deal-Diskussion eher achselzuckend begegnete, ist begreiflich.

Bei aller Vorabwürdigung blieb *Friedrich-Karl Föhrig* für vernünftige skeptische Einwände gegenüber der Aktenlage und dem bisherigen Prozessverlauf aufgeschlossen. Überflüssige Aufhältlichkeiten konnten ihn allerdings deutlich verstimmen. Durch überraschende Wendungen ließ er sich hingegen nicht schrecken. Sein Streben nach Wahrheit und Gerechtigkeit wurde befördert durch seine Intuition, seine Menschenkenntnis, sein Interesse am Menschen und seine Achtung vor dem Mitmenschen.

Nach seinem strafrichterlichen Selbstverständnis stand das Opfer im Mittelpunkt des Strafverfahrens. Unter dem Vorsitz von *Friedrich-Karl Föhrig* brauchte sich kein Opferzeuge vor Schmähungen oder Anfeindungen im Gerichtssaal zu fürchten; er konnte sich der angemessenen Wahrung seiner Belange sicher sein. Seine Einstellung zum Opfer im Strafverfahren hat *Friedrich-Karl Föhrig* bei einer Veranstaltung der Brandenburgischen kriminalpolitischen Vereinigung mit *Jan-Philipp Reemtsma* im Jahre 2004 einprägsam vorgestellt.

Er war daher ein strenger Richter, aber kein übermäßig harter. Zudem war dem Angeklagten stets eine unvoreingenommene, faire Behandlung garantiert. Er konnte seine Einwände und Probleme zu Gehör bringen und in begründeten Fällen durchaus auch auf Nachsicht und Milde hoffen.

Die Hochachtung so vieler Staatsanwälte für *Friedrich-Karl Föhrig* geht maßgeblich darauf zurück, dass sie sich nach Fertigung einer soliden Anklage auf deren zielgerechte und möglichst zeitnahe Förderung hin zu einem zu akzeptierenden Urteil verlassen konnten. Die Hochachtung zahlreicher Strafverteidiger für *Friedrich-Karl Föhrig* war wohl entscheidend dessen absoluter Fairness und Offenheit geschuldet.

Dass seine Strafverfahren und seine Urteile als „Im Namen des Volkes" akzeptiert wurden, dass seine Verhandlungsergebnisse dem „Volk" auch über die Presse optimal zu vermitteln waren, lag in hohem Maße auch an der klaren, anschaulichen und deutlichen Sprache, in der *Friedrich-Karl Föhrig* verhandelte und formulierte. Die Prägnanz seiner mündlichen Urteilsbegründungen war und ist unübertroffen. Solches ist festgehalten: Auszugsweise abgedruckt wurde seine mündliche Urteilsbegründung in einem der größten und bedeutendsten von ihm geführten Verfahren, dem gegen den Chef der Grenztruppen der DDR, und zwar sowohl in der Frankfurter Allgemeinen Zeitung als auch in dem Buch „Deutsche Gerechtigkeit" des Journalisten *Roman Grafe* zu den Mauerschützenprozessen, aus dem der Leser auch sonst manch Interessantes über den Vorsitzenden Richter *Föhrig* erfährt.

Die strafrechtliche Bewältigung der DDR-Vergangenheit war ihm übrigens ein Herzensanliegen. Den Vorwurf der Siegerjustiz hat er einprägsam gekontert. Seiner Empörung über die Begnadigung des Hauptangeklagten im Grenztruppenverfahren machte er unter Hintanstellung sonst geübter Zurückhaltung mit schneidender Deutlichkeit Luft.

Die schriftlichen Urteilsbegründungen verfasste er auch als Vorsitzender öfters gern selbst. Seine prägnanten Formulierungen, einschließlich ihrer Kürze nach vorangegangener meist überschaubar kurzer Hauptverhandlung, verschafften *Friedrich-Karl Föhrig* neben der sicheren rechtlichen Bewältigung ein unvergleichliches Standing bei seinem Obergericht. Die stetigen Nachweise höchster Leistungsstärke und tatrichterlicher Überzeugungskraft – nicht etwa nur begeisterte Berichte der Berliner Richterkollegen, die ihn als seine früheren Beisitzer oder als früher begleitender Jugendstaatsanwalt und aktueller Schachpartner nicht genug loben konnten – waren es, die bei meiner Amtsvorgängerin soviel Sympathie und Hochachtung für den Richterkollegen *Friedrich-Karl Föhrig* erweckten, dass er – was ihn sehr erfreut hat – als einer der wenigen auswärtigen Gäste bei ihrer Amtseinführung als Generalbundesanwältin in Karlsruhe im vergangenen Jahr zugegen war.

Dass *Friedrich-Karl Föhrig* insbesondere auf der Basis von Intuition und Pragmatismus so viel hervorragende Arbeit in kürzester Zeit bewältigen konnte, wobei er häufig überlastete Kollegen entlastete, dass er dabei nie – allenfalls ganz selten – gestresst und überarbeitet wirkte, lag an seiner Fähigkeit, souverän delegieren zu können, und an seinem Gespür, Mitarbeiter zu finden, an die er ohne Sorge delegieren konnte. Hierfür hat er seinen Mitarbeitern den von ihnen erwarteten Einsatz überreichlich gelohnt: Er hat sie in großzügigster Weise selbständig agieren lassen und sie nicht gegängelt, er schuf eine gute Arbeitsatmosphäre in seinen Kammern, er unterstützte die Mitarbeiter mit aller Kraft bei erstrebten Beförderungen und motivierte sie selbst zu solchem Streben. Dies gilt auch für seine nichtrichterlichen Mitarbeiter: In den fast 20 Jahren beim Landgericht hat er sich maßgeblich auf wenige hochqualifizierte Geschäftsstellenleiter und Protokollführer verlassen können, die für ihn höchsten Einsatz erbracht haben, die er wiederum anerkannt und gefördert hat. Unter seinen Beisitzern in diesen 20 Jahren hat er in der Spitze mit zwei Vorsitzenden Richtern am Bundesgerichtshof, dem Berliner Landesvorsitzenden des Deutschen Richterbundes und einem außerordentlichen Professor, ebenfalls nunmehr Richter am Bundesgerichtshof, ein Beförderungspotential erreicht, das sich eigentlich im Guinness-Buch der Rekorde niederschlagen müsste.

„Lebe, wie du, wenn du stirbst, wünschen wirst, gelebt zu haben."

Dieses Lebensmotto hat sich für *Friedrich-Karl Föhrig* erfüllt.